U0689643

紹興大典 史部

民國 嵊縣志 1

中華書局

圖書在版編目(CIP)數據

(民國)嵊縣志 / 牛蔭麐，羅毅修；丁謙，余重耀纂．－北京：中華書局，2024.6．－(紹興大典)．－ISBN 978-7-101-16747-4

Ⅰ．K295.54

中國國家版本館 CIP 數據核字第 202490VQ86 號

書　　名	(民國)嵊縣志(全五册)
叢 書 名	紹興大典·史部
修　　者	牛蔭麐　羅　毅
纂　　者	丁　謙　余重耀
項目策劃	許旭虹
責任編輯	梁五童
裝幀設計	許麗娟
責任印製	管　斌
出版發行	中華書局
	(北京市豐臺區太平橋西里38號 100073)
	http: // www. zhbc. com. cn
	E-mail: zhbc@zhbc. com. cn
印　　刷	天津藝嘉印刷科技有限公司
版　　次	2024年6月第1版
	2024年6月第1次印刷
規　　格	開本787×1092毫米　1/16
	印張152 ¼　插頁5　拉頁11
國際書號	ISBN 978-7-101-16747-4
定　　價	1980.00元

學術顧問

（按姓氏筆畫排序）

安平秋　李　岩　吴　格

袁行霈　張志清　葛劍雄

樓宇烈

編纂工作指導委員會

主　　任　盛閱春（二〇二二年九月至二〇二三年一月在任）

温　暖　施惠芳　肖啓明　熊遠明

第一副主任　丁如興

副 主 任　陳偉軍　汪俊昌　馮建榮

成　　員（按姓氏筆畫排序）

王静静　朱全紅　沈志江　金水法　俞正英

胡華良　茹福軍　徐　軍　陳　豪　黄旭榮

裘建勇　樓　芳　魯霞光　魏建東

編纂委員會

主　　編　馮建榮

副 主 編　黄錫雲　尹　濤　王静静　李聖華　陳紅彦

委　　員（按姓氏筆畫排序）

王静静　尹　濤　那　艷　李聖華　俞國林

陳紅彦　陳　誼　許旭虹　馮建榮　葉　卿

黄錫雲　黄顯功　楊水土

史部主編　黄錫雲　許旭虹

序

紹興是國務院公布的首批中國歷史文化名城，是中華文明的多點起源地之一和越文化的發祥、壯大之地。從嵊州小黄山遺址迄今，已有一萬多年的文化史；從大禹治水迄今，已有四千多年的文明史；從越國築句踐小城和山陰大城迄今，已有兩千五百多年的建城史。建炎四年（一一三〇），宋高宗駐蹕越州，取義「紹奕世之宏庥，興百年之丕緒」，次年改元紹興，賜名紹興府，領會稽、山陰、蕭山、諸暨、餘姚、上虞、嵊、新昌等八縣。元改紹興路，明初復爲紹興府，清沿之。

紹興坐陸面海，嶽峙川流，風光綺麗，物産富饒，民風淳樸，士如過江之鯽，彬彬稱盛。春秋末越國有「八大夫」佐助越王卧薪嘗膽，力行「五政」，崛起東南，威續戰國，四分天下有其一，成就越文化的第一次輝煌。秦漢一統後，越文化從尚武漸變崇文。晋室東渡，北方士族大批南遷，王、謝諸大家紛紛遷居於此，一時人物之盛，雲蒸霞蔚，學術與文學之盛冠於江左，給越文化注入了新的活力。唐時的越州是詩人行旅歌詠之地，形成一條江南唐詩之路。至宋代，尤其是宋室南遷後，越中理學繁榮，文學昌盛，領一時之先。明代陽明心學崛起，這一時期的越文化，宣導致良知、知行合一，重於事功，伴隨而來的是越中詩文、書畫、戲曲的興盛。明清易代，有劉宗周等履忠蹈義，慷慨赴死，亦有黄宗羲率其門人，讀書窮經，關注世用，成其梨洲一派。至清中葉，會稽章學誠等人紹承梨洲之學而開浙東史學之新局。晚清至現代，越中知識分子心懷天下，秉持先賢「膽劍精神」，再次站在歷史變革的潮頭，蔡元培、魯迅等人「開拓越學」，使紹興成爲新文化運動和新民主主義革命的重要陣地。越文化兼容並包，與時偕變，勇於創新，隨着中國社會歷史的變遷，無論其内涵和特質發生何種變化，均以其獨特、强盛的生命力，推動了中華文明的發展。

文獻典籍承載着廣博厚重的精神財富、生生不息的歷史文脉。紹興典籍之富，甲於東南，號爲文獻之邦。從兩漢到魏晋再至近現代，紹興人留下了浩如煙海、綿延不斷的文獻典籍。陳橋驛先生在《紹興地方文獻考録·前言》中説：「紹興是我國歷史上地方文獻最豐富的地方之一。」有我國地方志的開山之作《越絶書》，有唯物主義的哲學巨著《論衡》，有書法藝術和文學價值均登峰造極的《蘭亭集序》，有詩爲「中興之冠」的陸游《劍南詩稿》，有輯録陽明心學精義的儒學著作《傳習録》等，這些文獻，不僅對紹興一地具有重要價值，對浙江乃至全國來説，也有深遠意義。

紹興藏書文化源遠流長。歷史上的藏書家多達百位，知名藏書樓不下三十座，其中以澹生堂最爲著名，藏書十萬餘卷。近現代，紹興又首開國内公共圖書館之先河。光緒二十六年（一九〇〇），紹興鄉紳徐樹蘭獨力捐銀三萬餘兩，圖書七萬餘卷，創辦國内首個公共圖書館——古越藏書樓。越中多名士，自也與藏書聚書風氣有關。

習近平總書記强調，「我們要加强考古工作和歷史研究，讓收藏在博物館裏的文物、陳列在廣闊大地上的遺産、書寫在古籍裏的文字都活起來，豐富全社會歷史文化滋養」。黨的十八大以來，黨中央站在實現中華民族偉大復興的高度，對傳承和弘揚中華優秀傳統文化作出一系列重大決策部署。中共中央辦公廳、國務院辦公廳二〇一七年一月印發了《關於實施中華優秀傳統文化傳承發展工程的意見》，二〇二二年四月又印發了《關於推進新時代古籍工作的意見》。

盛世修典，是中華民族的優秀傳統，是國家昌盛的重要象徵。近年來，紹興地方文獻典籍的利用呈現出多層次、多方位探索的局面，從文史界到全社會都在醞釀進一步保護、整理、開發、利用紹興歷史文獻的措施，形成了廣泛共識。中共紹興市委、市政府深入學習貫徹習近平總書記重要指示精神，積極響應國家重大戰略部署，以提振紹興人文氣運的文化自覺和存續一方文脉的歷史擔當，作出了編纂出版《紹興大典》的重大決定，計劃用十年時間，系統、全面、客觀梳理紹興文化傳承脉絡，收集、整理、編纂、出版紹興地方歷史文獻。二〇二二年十月，中共紹興市委辦公室、紹興市人民政府辦公室印發《關於〈紹興大典〉編纂出版工作實施方案的通知》。自此，《紹興大典》編纂出版各項工作開始有序推進。

百餘年前，魯迅先生提出「開拓越學，俾其曼衍，至於無疆」的願景，今天，我們繼先賢之志，實施紹興歷史上前無古人的文化工程，希冀通過《紹興大典》的編纂出版，從浩瀚的紹興典籍中尋找歷史印記，從豐富的紹興文化中挖掘鮮活資源，從悠遠的紹興歷史中把握發展脉絡，古爲今用，繼往開來，爲新時代「文化紹興」建設注入强大動力。我們將懷敬畏之心，以古人「三不朽」的立德修身要求，爲紹興這座中國歷史文化名城和「東亞文化之都」立傳畫像，爲全世界紹興人築就恒久的精神家園。

是爲序。

温暖

二〇二三年十月

前言

越國故地，是中華文明的重要起源地，中華優秀傳統文化的重要貢獻地，中華文獻典籍的重要誕生地。紹興，是越國古都，國務院公布的第一批歷史文化名城。編纂出版《紹興大典》，是綿延中華文獻之大計，弘揚中華文化之良策，傳承中華文明之壯舉。

一

紹興有源遠流長的文明，是中華文明的縮影。

中國有百萬年的人類史，一萬年的文化史，五千多年的文明史。中華文明，是中華民族長期實踐的積累，集體智慧的結晶，不斷發展的産物。各個民族，各個地方，都爲中華文明作出了自己獨具特色的貢獻。紹興人同樣爲中華文明的起源與發展，作出了自己傑出的貢獻。

現代考古發掘表明，早在約十六萬年前，於越先民便已經在今天的紹興大地上繁衍生息。二〇一七年初，在嵊州崇仁安江村蘭山廟附近，出土了於越先民約十六萬年前使用過的打製石器〔一〕。這是曹娥江流域首次發現的舊石器遺存，爲探究這一地區中更新世晚期至晚更新世早期的人類活動、

〔一〕陸瑩等撰《浙江蘭山廟舊石器遺址網紋紅土釋光測年》，《地理學報》英文版，二〇二〇年第九期，第一四三六至一四五〇頁。

華南地區與現代人起源的關係、小黄山遺址的源頭等提供了重要綫索。

距今約一萬至八千年的嵊州小黄山遺址〔一〕，於二〇〇六年與上山遺址一起，被命名爲上山文化。該遺址中的四個重大發現，引人矚目：一是水稻實物的穀粒印痕遺存，以及儲藏坑、鐮形器、石磨棒、石磨盤等稻米儲存空間與收割、加工工具的遺存；二是種類與器型衆多的夾砂、夾炭、夾灰紅衣陶與黑陶等遺存；三是我國迄今發現的最早的立柱建築遺存，以及石杵立柱遺存；四是我國新石器時代遺址中迄今發現的最早的石雕人首。

蕭山跨湖橋遺址出土的山茶種實，表明於越先民在八千多年前已開始對茶樹及茶的利用與探索〔二〕。距今約六千年前的餘姚田螺山遺址發現的山茶屬茶樹根遺存，有規則地分布在聚落房屋附近，特别是其中出土了一把與現今茶壺頗爲相似的陶壺，表明那時的於越先民已經在有意識地種茶用茶了〔三〕。

對美好生活的嚮往無止境，創新便無止境。於越先民在一萬年前燒製出世界上最早的彩陶的基礎上〔四〕，經過數千年的探索實踐，終於在夏商之際，燒製出了人類歷史上最早的原始瓷〔五〕；繼而又在東漢時，燒製出了人類歷史上最早的成熟瓷。現代考古發掘表明，漢時越地的窑址，僅曹娥江兩岸的上虞，就多達六十一處〔六〕。

中國是目前發現早期稻作遺址最多的國家，是世界上最早發現和利用茶樹的國家，更是瓷器的故

〔一〕浙江省文物考古研究所編《上山文化：發現與記述》，文物出版社二〇一六年版，第七一頁。
〔二〕浙江省文物考古研究所、蕭山博物館編《跨湖橋》，文物出版社二〇〇四年版，彩版四五。
〔三〕北京大學中國考古學研究中心、浙江省文物考古研究所編《田螺山遺址自然遺存綜合研究》，文物出版社二〇一一年版，第一一七頁。
〔四〕孫瀚龍、趙曄著《浙江史前陶器》，浙江人民出版社二〇二二年版，第三頁。
〔五〕鄭建華、謝西營、張馨月著《浙江古代青瓷》，浙江人民出版社二〇二二年版，上册，第四頁。
〔六〕宋建明主編《早期越窑——上虞歷史文化的豐碑》，中國書店二〇一四年版，第二四頁。

鄉。《（嘉泰）會稽志》卷十七記載「會稽之産稻之美者，凡五十六種」，稻作文明的進步又直接促成了紹興釀酒業的發展。同卷又單列「日鑄茶」一條，釋曰「日鑄嶺在會稽縣東南五十五里，嶺下有僧寺名資壽，其陽坡名油車，朝暮常有日，産茶絶奇，故謂之日鑄」。可見紹興歷史上物質文明之發達，真可謂「天下無儔」。

二

紹興有博大精深的文化，是中華文化的縮影。文化是一條源遠流長的河，流過昨天，流到今天，還要流向明天。悠悠萬事若曇花一現，唯有文化與日月同輝。

大量的歷史文獻與遺址古迹表明，四千多年前，大禹與紹興結下了不解之緣。大禹治平天下之水，漸九川，定九州，至於諸夏乂安，《史記·夏本紀》載：「禹會諸侯江南，計功而崩，因葬焉，命曰會稽。會稽者，會計也。」裴駰注引《皇覽》曰：「禹冢在山陰縣會稽山上。會稽山本名苗山，在縣南，去縣七里。」《（嘉泰）會稽志》卷六「大禹陵」：「禹巡守江南，上苗山，會稽諸侯，死而葬焉。……劉向書云：禹葬會稽，不改其列，謂不改林木百物之列也。苗山自禹葬後，更名會稽。是山之東，有隴隱若劍脊，西嚮而下，下有窆石，或云此正葬處。」另外，大禹在以會稽山爲中心的越地，還有一系列重大事迹的記載，包括娶妻塗山、得書宛委、畢功了溪、誅殺防風、禪祭會稽、築治邑室等。

以至越王句踐，「其先禹之苗裔，而夏后帝少康之庶子也，封於會稽，以奉守禹之祀」（《史記·越王句踐世家》）。句踐的功績，集中體現在他一系列的改革舉措以及由此而致的强國大業上。

他創造了「法天象地」這一中國古代都城選址與布局的成功範例，奠定了近一個半世紀越國號稱天下强國的基礎，造就了紹興發展史上的第一個高峰，更實現了東周以來中國東部沿海地區暨長江下游地區的首次一體化，讓人們在數百年的分裂戰亂當中，依稀看到了一統天下的希望，爲後來秦始皇統一中國，建立真正大一統的中央政權，進行了區域性的準備。因此，司馬遷稱：「苗裔句踐，苦身焦思，終滅强吴，北觀兵中國，以尊周室，號稱霸王。句踐可不謂賢哉！蓋有禹之遺烈焉。」

千百年來，紹興涌現出了諸多譽滿海內、雄稱天下的思想家，他們的著述世不絶傳，遺澤至今，他們的思想卓犖英發、光彩奪目。哲學領域，聚諸子之精髓，啓後世之思想。政治領域，以家國之情懷，革社會之弊病。經濟領域，重生民之生業，謀民生之大計。教育領域，育天下之英才，啓時代之新風。史學領域，創史志之新例，傳千年之文脉。

紹興是中國古典詩歌藝術的寶庫。四言詩《候人歌》被稱爲「南音之始」。於越《彈歌》是我國文學史上僅存的二言詩。《越人歌》是越地的第一首情歌、中國的第一首譯詩。山水詩的鼻祖，是上虞人謝靈運。唐代，這裏涌現出了賀知章等三十多位著名詩人。宋元時，這裏出了别開詩歌藝術天地的陸游、王冕、楊維楨。

紹興是中國傳統書法藝術的故鄉。鳥蟲書與《會稽刻石》中的小篆，影響深遠。中國的文字成爲藝術品之習尚，文字由書寫轉向書法，是從越人的鳥蟲書開始的。而自王羲之《蘭亭序》之後，紹興更是成爲中國書法藝術的聖地。翰墨碑刻，代有名家精品。

紹興是中國古代繪畫藝術的重鎮。世界上最早彩陶的燒製，展現了越人的審美情趣。「文身斷髪」與「鳥蟲書」，實現了藝術與生活最原始的結合。戴逵與戴顒父子、僧仲仁、王冕、徐渭、陳洪綬、趙之謙、任熊、任伯年等在中國繪畫史上有開宗立派的地位。

一九一二年一月，魯迅爲紹興《越鐸日報》創刊號所作發刊詞中寫道：「於越故稱無敵於天下，海岳精液，善生俊異，後先絡繹，展其殊才；其民復存大禹卓苦勤勞之風，同句踐堅確慷慨之志，力作治生，綽然足以自理。」可見，紹興自古便是中華文化的重要發源地與傳承地，紹興人更是世代流淌着「卓苦勤勞」「堅確慷慨」的精神血脉。

三

紹興有琳琅滿目的文獻，是中華文獻的縮影。

自有文字以來，文獻典籍便成了人類文明與人類文化的基本載體。紹興地方文獻同樣爲中華文明與中華文化的傳承發展，作出了傑出的貢獻。

中華文明之所以成爲世界上唯一没有中斷、綿延至今、益發輝煌的文明，在於因文字的綿延不絶而致的文獻的源遠流長、浩如煙海。中華文化之所以成爲中華民族有别於世界上其他任何民族的顯著特徵並流傳到今天，靠的是中華兒女一代又一代的言傳身教、口口相傳，更靠的是文獻典籍一代又一代的忠實書寫、守望相傳。

無數的甲骨、簡牘、古籍、拓片等中華文獻，無不昭示着中華文明的光輝燦爛、欣欣向榮，無不昭示着中華文化的廣博淵綜、蒸蒸日上。它們既是中華文明與中華文化的基本載體，又是中華文明與中華文化的重要組成部分，是十分重要的物質文化遺産。

紹興地方文獻作爲中華文獻重要的組成部分，積澱極其豐厚，特色十分明顯。

（一）文獻體系完備

紹興的文獻典籍根基深厚，載體體系完備，大體經歷了四個階段的歷史演變。

一是以刻符、紋樣、器型爲主的史前時代。代表性的，有作爲上山文化的小黄山遺址中出土的彩陶上的刻符、印紋、圖案等。

二是以金石文字爲主的銘刻時代。代表性的，有越國時期玉器與青銅劍上的鳥蟲書等銘文、秦《會稽刻石》、漢「大吉」摩崖、漢魏六朝時的會稽磚甓銘文與會稽青銅鏡銘文等。

三是以雕版印刷爲主的版刻時代。代表性的，有中唐時期越州刊刻的元稹、白居易的詩集。唐長慶四年（八二四），浙東觀察使兼越州刺史元稹，在爲時任杭州刺史的好友白居易《白氏長慶集》所作的序言中寫道：「揚、越間多作書模勒樂天及予雜詩，賣於市肆之中也。」這是有關中國刊印書籍的最早記載之一，説明越地開創了「模勒」這一雕版印刷的風氣之先。宋時，兩浙路茶鹽司等機關和紹興府、紹興府學等，競相刻書，版刻業快速繁榮，紹興成爲兩浙乃至全國的重要刻書地，所刻之書多稱「越本」「越州本」。明代，紹興刊刻呈現出了官書刻印多、鄉賢先哲著作和地方文獻多、私家刻印特色叢書多的特點。清代至民國，紹興整理、刊刻古籍叢書成風，趙之謙、平步青、徐友蘭、章壽康、羅振玉等，均有大量輯刊，蔡元培早年應聘於徐家校書達四年之久。

四是以機器印刷爲主的近代出版時期。這一時期呈現出傳統技術與西方新技術並存、傳統出版物與維新圖强讀物並存的特點。代表性的出版機構，在紹興的有徐友蘭於一八六二年創辦的墨潤堂等。另外，吴隱於一九〇四年參與創辦了西泠印社；紹興人沈知方於一九一二年參與創辦了中華書局，還於一九一七年創辦了世界書局。代表性的期刊，有羅振玉於一八九七年在上海創辦的《農學報》，杜亞泉於一九〇一年在上海創辦的《普通學報》，羅振玉於一九〇一年在上海發起、王國維主筆的《教育世界》，杜亞泉等於一九〇二年在上海編輯的《中外算報》，秋瑾於一九〇七年在上海創辦的《中國女報》等。代表性的報紙，有蔡元培於一九〇三年在上海創辦的《俄事警聞》等。

紹興文獻典籍的這四個演進階段，既相互承接，又各具特色，充分彰顯了走在歷史前列、引領時代潮流的特徵，總體上呈現出了載體越來越多元、内涵越來越豐富、傳播越來越廣泛、對社會生活的影響越來越深遠的歷史趨勢。

（二）藏書聲聞華夏

紹興歷史上刻書多，便爲藏書提供了前提條件，因而藏書也多。大禹曾「登宛委山，發金簡之書，案金簡玉字，得通水之理」（《吴越春秋》卷六），還「巡狩大越，見耆老，納詩書」（《越絶書》卷八），這是紹興有關采集收藏圖書的最早記載。句踐曾修築「石室」藏書，「晝書不倦，晦誦竟旦」（《越絶書》卷十二）。

造紙術與印刷術的發明和推廣，使得書籍可以成批刷印，爲藏書提供了極大便利。王充得益於藏書資料，寫出了不朽的《論衡》。南朝梁時，山陰人孔休源「聚書盈七千卷，手自校治」（《梁書·孔休源傳》），成爲紹興歷史上第一位有明文記載的藏書家。唐代時，越州出現了集刻書、藏書、讀書於一體的書院。五代十國時，南唐會稽人徐鍇精於校勘，雅好藏書，「江南藏書之盛，爲天下冠，鍇力居多」（《南唐書·徐鍇傳》）。

宋代雕版印刷術日趨成熟，爲書籍的化身千百與大規模印製創造了有利條件，也爲藏書提供了更多來源。特別是宋室南渡、越州升爲紹興府後，更是出現了以陸氏、石氏、李氏、諸葛氏等爲代表的藏書世家。陸游曾作《書巢記》，稱「吾室之内，或棲於櫝，或陳於前，或枕藉於床，俯仰四顧，無非書者」。《（嘉泰）會稽志》中專設《藏書》一目，説明了當時藏書之風的盛行。元時，楊維楨「積書數萬卷」（《鐵笛道人自傳》）。

明代藏書業大發展，出現了鈕石溪的世學樓等著名藏書樓。其中影響最大的藏書家族，當數山陰祁氏；影響最大的藏書樓，當數祁承㸁創辦的澹生堂，至其子彪佳時，藏書達三萬多卷。

清代是紹興藏書業的鼎盛時期，有史可稽者凡二十六家，諸如章學誠、李慈銘、陶濬宣等。上虞王望霖建天香樓，藏書萬餘卷，尤以藏書家之墨迹與鈎摹鐫石聞名。徐樹蘭創辦的古越藏書樓，以存古開新爲宗旨，以資人觀覽爲初心，成爲中國近代第一家公共圖書館。

民國時，代表性的紹興藏書家與藏書樓有：羅振玉的大雲書庫、徐維則的初學草堂、蔡元培創辦的養新書藏、王子餘開設的萬卷書樓、魯迅先生讀過書的三味書屋等。

根據二〇一六年完成的古籍普查結果，紹興全市十家公藏單位，共藏有一九一二年以前産生的中國傳統裝幀書籍與民國時期的傳統裝幀書籍三萬九千七百七十七種、二十二萬六千一百二十五册，分别占了浙江省三十三萬七千四百零五種的百分之十一點七九、二百五十萬六千六百三十三册的百分之九點零二。這些館藏的文獻典籍，有不少屬於名人名著，其中包括在别處難得見到的珍稀文獻。這是紹興這個地靈人傑的文獻名邦確實不同凡響的重要見證。

一部紹興的藏書史，其實也是一部紹興人的讀書、用書、著書史。歷史上的紹興，刻書、藏書、讀書、用書、著書，良性循環，互相促進，成爲中國文化史上一道亮麗的風景。

（三）著述豐富多彩

紹興自古以來，論道立說、卓然成家者代見輩出，創意立言、名動天下者繼踵接武，歷朝皆有傳世之作，各代俱見槃槃之著。這些文獻，不僅對紹興一地有重要價值，而且也是浙江文化乃至中國古代文化的重要組成部分。

一是著述之風，遍及各界。越人的創作著述，文學之士自不待言，爲政、從軍、業賈者亦多喜筆耕，屢有不刊之著。甚至於鄉野市井之口頭創作、謠歌俚曲，亦代代敷演，蔚爲大觀，其中更是多有内蘊厚重、哲理深刻、色彩斑斕之精品，遠非下里巴人，足稱陽春白雪。

二是著述整理，尤爲重視。越人的著述，包括對越中文獻乃至我國古代文獻的整理。宋孔延之的《會稽掇英總集》，清杜春生的《越中金石記》，近代魯迅的《會稽郡故書雜集》等，都是收輯整理地方文獻的重要成果。陳橋驛所著《紹興地方文獻考録》，是另一種形式的著述整理，其中考録一九四九年前紹興地方文獻一千二百餘種。清代康熙年間，紹興府山陰縣吴楚材、吴調侯叔侄選編的《古文觀止》，自問世以來，一直是古文啓蒙的必備書，也深受古文愛好者的推崇。

三是著述領域，相涉廣泛。越人的著述，涉及諸多領域。其中古代以經、史與諸子百家研核之作爲多，且基本上涵蓋了經、史、子、集的各個分類，近現代以文藝創作爲多，當代則以科學研究論著爲多。這也體現了越中賢傑經世致用、與時俱進的家國情懷。

四

盛世修典，承古啓新，以「紹興」之名，行紹興之實。

紹興這個名字，源自宋高宗的升越州爲府，並冠以年號，時在紹興元年（一一三一）的十月廿六日。這是對這座城市傳統的畫龍點睛。紹興這兩個字合在一起，藴含的正是承繼前業而壯大之、開創未來而昌興之的意思。數往而知來，今天的紹興人正賦予這座城市、這個名字以新的意藴，那就是繼承中華優秀傳統文化，建設中華民族現代文明，爲實現中華民族偉大復興，作出自己新的更大的貢獻。

編纂出版《紹興大典》，正是紹興地方黨委、政府文化自信、文化自覺的體現，是集思廣益、精心實施的德政，是承前啓後、繼往開來的偉業。

（一）科學的決策

《紹興大典》的編纂出版，堪稱黨委、政府科學決策的典範。二〇二〇年十二月十一日，中共紹興市委八届九次全體（擴大）會議審議通過了關於紹興市「十四五」規劃和二〇三五年遠景目標的建議，其中首次提出要啓動《紹興大典》的編纂出版工作。

二〇二一年二月五日，紹興市第八届人民代表大會第六次會議批准了市政府根據市委建議編製的紹興市「十四五」規劃和二〇三五年遠景目標綱要，其中又專門寫到要啓動《紹興大典》的編纂出版工作。二月八日，紹興市人民政府正式印發了這個重要文件。

二〇二二年二月二十八日的中共紹興市第九次代表大會市委工作報告與三月三十日的紹興市九届人大一次會議政府工作報告，均對編纂出版《紹興大典》提出了要求。

二〇二二年九月十五日，紹興市人民政府第十一次常務會議專題聽取了《〈紹興大典〉編纂出版工作實施方案》起草情況的匯報，決定根據討論意見對實施意見進行修改完善後，提交市委常委會議審議。九月十六日，中共紹興市委九届二十次常委會議專題聽取《〈紹興大典〉編纂出版工作實施方案》起草情況的匯報，並進行了討論，決定批准這個方案。十月十日，中共紹興市委辦公室、紹興市人民政府辦公室正式印發了《〈紹興大典〉編纂出版工作實施方案》。

（二）嚴謹的體例

在中共紹興市委、紹興市人民政府研究批准的實施方案中，《紹興大典》編纂出版的各項相關事宜，均得以明確。

一是主要目標。系統、全面、客觀梳理紹興文化傳承脉絡，收集、整理、編纂、研究、出版紹興地方文獻，使《紹興大典》成爲全國鄉邦文獻整理編纂出版的典範和紹興文化史上的豐碑，爲努力打造「文獻保護名邦」「文史研究重鎮」「文化轉化高地」三張紹興文化的金名片作出貢獻。

二是收録範圍。《紹興大典》收録的時間範圍爲：起自先秦時期，迄至一九四九年九月三十日，部分文獻酌情下延。地域範圍爲：今紹興市所轄之區、縣（市），兼及歷史上紹興府所轄之蕭山、餘姚。内容範圍爲：紹興人的著述，域外人士有關紹興的著述，歷史上紹興刻印的古籍善本和紹興收藏的珍稀古籍善本。

三是編纂方法。對所録文獻典籍，按經、史、子、集和叢五部分類方法編纂出版。根據實施方案明確的時間安排與階段劃分，在具體編纂工作中，采用先易後難、先急後緩，邊編纂出版、邊深入摸底的方法。即先編纂出版情況明瞭、現實急需的典籍，與此同時，對面上的典籍情況進行深入的摸底調查。這樣的方法，既可以用最快的速度出書，以滿足保護之需、利用之需，又可以爲一些難題的破解争取時間；既可以充分發揮我國實力最强的專業古籍出版社中華書局的編輯出版優勢，又可以充分借助與紹興相關的典籍一半以上收藏於我國古代典籍收藏最爲宏富的國家圖書館的優勢。這是最大限度地避免時間與經費上的重複浪費的方法，也是地方文獻編纂出版工作方法上的創新。

另外，還將適時延伸出版《紹興大典·要籍點校叢刊》《紹興大典·文獻研究叢書》《紹興大典·善本影真叢覽》等。

（三）非凡的意義

正如紹興的文獻典籍在中華文獻典籍史上具有重要的影響那樣，編纂出版《紹興大典》的意義，同樣也是非同尋常的。

一是編纂出版《紹興大典》，對於文獻典籍的更好保護——活下來，具有非同尋常的意義。歷史上的文獻典籍，是中華文明歷經滄桑留下的最寶貴的東西。然而，這些瑰寶或因天災人禍，或因自然老化，或因使用過度，或因其他緣故，有不少已經處於岌岌可危甚至奄奄一息的境況。

編纂出版《紹興大典》，可以爲系統修復、深度整理這些珍貴的古籍争取時間；可以最大限度呈現底本的原貌，緩解藏用的矛盾，更好地方便閱讀與研究。這是文獻典籍眼下的當務之急，最好的續命之舉。

二是編纂出版《紹興大典》，對於文獻典籍的更好利用——活起來，具有非同尋常的意義。歷史上的文獻典籍，流傳到今天，實屬不易，殊爲難得。它們雖然大多保存完好，其中不少還是善本，但分散藏於公私，積久塵封，世人難見；也有的已成孤本，或至今未曾刊印，僅有稿本、抄本，秘不示人，無法查閱。

編纂出版《紹興大典》，將穿越千年的文獻、深庋密鎖的秘藏、散落全球的珍寶匯聚起來，化身萬千，走向社會，走近讀者，走進生活，既可防它們失傳之虞，又可使它們嘉惠學林，也可使它們古爲今用，文旅融合，還可使它們延年益壽，推陳出新。這是於文獻典籍利用一本萬利、一舉多得的好事。

三是編纂出版《紹興大典》，對於文獻典籍的更好傳承——活下去，具有非同尋常的意義。歷史上的文獻典籍，能保存至今，是先賢們不惜代價，有的是不惜用生命爲代價换來的。對這些傳承至今的古籍本身，我們應當倍加珍惜。

編纂出版《紹興大典》，正是爲了述録先人的開拓，啓迪來者的奮鬥，使這些珍貴古籍世代相傳，使蘊藏在這些珍貴古籍身上的中華優秀傳統文化世代相傳。這是中華文化創造性轉化、創新性發展的通途所在。

編纂出版《紹興大典》，是紹興文化發展史上的曠古偉業。編成後的《紹興大典》，將成爲全國範圍内的同類城市中，第一部收録最爲系統、内容最爲豐贍、品質最爲上乘的地方文獻集成。

紹興這個地方，古往今來，都在不懈超越。超乎尋常，追求卓越。超越自我，超越歷史。《紹興大典》的編纂出版，無疑會是紹興文化發展史上的又一次超越。

道阻且長，行則將至；行而不輟，成功可期。「後之視今，亦猶今之視昔」；「後之覽者，亦將有感於斯文」（《蘭亭集序》）。讓我們一起努力吧！

馮建榮

二〇二三年六月十日，星期六，成稿於寓所

二〇二三年中秋、國慶假期，校改於寓所

編纂説明

紹興古稱會稽，歷史悠久。

大禹治水，畢功了溪，計功今紹興城南之茅山（苗山），崩後葬此，此山始稱會稽，此地因名會稽，距今四千多年。

大禹第六代孫夏后少康封庶子無餘於會稽，以奉禹祀，號曰「於越」，此爲吾越得國之始。《竹書紀年》載，成王二十四年，於越來賓。是亦此地史載之始。

距今兩千五百多年，越王句踐遷都築城於會稽山之北（今紹興老城區），是爲紹興建城之始，於今城不移址，海内罕有。

秦始皇滅六國，御海内，立郡縣，成定制。是地屬會稽郡，郡治爲吴縣，所轄大率吴越故地。東漢順帝永建四年（一二九），析浙江之北諸縣置吴郡，是爲吴越分治之始。會稽名仍其舊，郡治遷山陰。由隋至唐，會稽改稱越州，時有反復，至中唐後，「越州」遂爲定稱而至於宋。所轄時有增減，至五代後梁開平二年（九〇八），吴越析剡東十三鄉置新昌縣，自此，越州長期穩定轄領會稽、山陰、蕭山、諸暨、餘姚、上虞、嵊縣、新昌八邑。

建炎四年（一一三〇），宋高宗趙構駐蹕越州，取「紹奕世之宏庥，興百年之丕緒」之意，下詔從建炎五年正月改元紹興。紹興元年（一一三一）十月己丑升越州爲紹興府，斯地乃名紹興，沿用至今。

歷史的悠久，造就了紹興文化的發達。數千年來文化的發展、沉澱，又給紹興留下了燦爛的文化載體——鄉邦文獻。保存至今的紹興歷史文獻，有方志著作、家族史料、雜史輿圖、文人筆記、先賢文集、醫卜星相、碑刻墓誌、摩崖遺存、地名方言、檔案文書等不下三千種，可以説，凡有所録，應有盡有。這些文獻從不同角度記載了紹興的山川地理、風土人情、經濟發展、人物傳記、著述藝文等各個方面，成爲人們瞭解歷史、傳承文明、教育後人、建設社會的重要參考資料，其中許多著作不僅對紹興本地有重要價值，也是江浙文化乃至中華古代文化的重要組成部分。

紹興歷代文人對地方文獻的探尋、收集、整理、刊印等都非常重視，並作出過不朽的貢獻，陳橋驛先生就是代表性人物。正是在他的大力呼籲下，時任紹興縣政府主要領導作出了編纂出版《紹興叢書》的決策，爲今日《紹興大典》的編纂出版積累了經驗，奠定了基礎。

時至今日，爲貫徹落實習近平總書記系列重要講話精神，奮力打造新時代文化文明高地，重輝「文獻名邦」，中共紹興市委、市政府毅然作出編纂出版《紹興大典》的決策部署。延請全國著名學者樓宇烈、袁行霈、安平秋、葛劍雄、吴格、李岩、熊遠明、張志清諸先生參酌把關，與收藏紹興典籍最豐富的國家圖書館等各大圖書館以及專業古籍出版社中華書局展開深度合作，成立專門班子，精心規劃組織，扎實付諸實施。《紹興大典》是地方文獻的集大成之作，出版形式以紙質書籍爲主，同步開發建設數據庫。其基本内容，包括以下三方面：

一、《紹興大典》影印精裝本文獻大全。這方面内容囊括一九四九年前的紹興歷史文獻，收録的原則是「全而優」，也就是文獻求全收録；同一文獻比對版本優劣，收優斥劣。同時特别注重珍稀性、孤罕性、史料性。

《紹興大典》影印精裝本收録範圍：

時間範圍：起自先秦時期，迄至一九四九年九月三十日，部分文獻可酌情下延。

地域範圍：今紹興市所轄之區、縣（市），兼及歷史上紹興府所轄之蕭山、餘姚。

内容範圍：紹興人（本籍與寄籍紹興的人士、寄籍外地的紹籍人士）撰寫的著作，非紹興籍人士撰寫的與紹興相關的著作，歷史上紹興刻印的古籍珍本和紹興收藏的古籍珍本。

《紹興大典》影印精裝本編纂體例，以經、史、子、集、叢五部分類的方法，對收録範圍内的文獻，進行開放式收録，分類編輯，影印出版。五部之下，不分子目。

經部：主要收録經學（含小學）原創著作；經校勘校訂，校注校釋，疏、證、箋、解、章句等的經學名著；爲紹籍經學家所著經學著作而撰的著作，等等。

史部：主要收録紹興地方歷史書籍，重點是府縣志、家史、雜史等三個方面的歷史著作。

子部：主要收録專業類書，比如農學類、書畫類、醫卜星相類、儒釋道宗教類、陰陽五行類、傳奇類、小説類，等等。

集部：主要收録詩賦文詞曲總集、別集、專集，詩律詞譜，詩話詞話，南北曲韻，文論文評，等等。

叢部：主要收録不入以上四部的歷史文獻遺珍、歷史文物和歷史遺址圖録彙總、戲劇曲藝脚本、報章雜志、音像資料等。不收傳統叢部之文叢、彙編之類。

《紹興大典》影印精裝本在收録、整理、編纂出版上述文獻的基礎上，同時進行書目提要的撰寫，並細編索引，以起到提要鉤沉、方便實用的作用。

二、《紹興大典》點校研究及珍本彙編。主要是《紹興大典》影印精裝本的延伸項目，形成三個成果，即《紹興大典·要籍點校叢刊》《紹興大典·文獻研究叢書》《紹興大典·善本影真叢覽》三叢。選取影印出版文獻中的要籍，組織專家分專題開展點校等工作，排印出版《紹興大典·要籍點校叢刊》；及時向社會公布推出出版文獻書目，開展《紹興大典》收録文獻研究，分階段出版研究成果《紹興大典·文獻研究叢書》；選取品相完好、特色明顯、内容有益的優秀文獻，原版原樣綫裝影印出版《紹興大典·善本影真叢覽》。

三、《紹興大典》文獻數據庫。以《紹興大典》影印精裝本和《紹興大典·要籍點校叢刊》《紹興大典·文獻研究叢書》《紹興大典·善本影真叢覽》三叢爲基幹構建。同時收録大典編纂過程中所涉其他相關資料，未用之版本，書佚目存之書目等，動態推進。

《紹興大典》編纂完成後，應該是一部體系完善、分類合理、全優兼顧、提要鮮明、檢索方便的大型文獻集成，必將成爲地方文獻編纂的新範例，同時助力紹興打造完成「歷史文獻保護名邦」「地方文史研究重鎮」「區域文化轉化高地」三張文化金名片。

《紹興大典》在中共紹興市委、市政府領導下組成編纂工作指導委員會，組織實施並保障大典工程的順利推進，同時組成由紹興市爲主導、國家圖書館和中華書局爲主要骨幹力量、各地專家學者和圖書館人員爲輔助力量的編纂委員會，負責具體的編纂工作。

《紹興大典》編纂委員會

二〇二三年五月

史部編纂説明

紹興自古重視歷史記載，在現存數千種紹興歷史文獻中，史部著作占有極爲重要的位置。因其内容豐富、體裁多樣、官民兼撰的特點，成爲《紹興大典》五大部類之一，而别類專纂，彙簡成編。

按《紹興大典·編纂説明》規定：「以經、史、子、集、叢五部分類的方法，對收録範圍内的文獻，進行開放式收録，分類編輯，影印出版。五部之下，不分子目。」「史部：主要收録紹興地方歷史書籍，重點是府縣志、家史、雜史等三個方面的歷史著作。」

紹興素爲方志之鄉，纂修方志的歷史較爲悠久。據陳橋驛《紹興地方文獻考録》（浙江人民出版社，一九八三年版）統計，僅紹興地區方志類文獻就「多達一百四十餘種，目前尚存近一半」。在最近三十多年中，紹興又發現了不少歷史文獻，堪稱卷帙浩繁。

據《紹興大典》編纂委員會多方調查掌握的信息，府縣之中，既有最早的府志——南宋二志《（嘉泰）會稽志》和《（寶慶）會稽續志》，也有最早的縣志——宋嘉定《剡録》；既有耳熟能詳的《（萬曆）紹興府志》，也有海内孤本《（嘉靖）山陰縣志》；更有寥若晨星的《永樂大典》本《紹興府志》，等等。存世的紹興府縣志，明代纂修並存世的萬曆爲最多，清代纂修並存世的康熙爲最多。

家史資料是地方志的重要補充，紹興地區家史資料豐富，《紹興家譜總目提要》共收録紹興相關家譜資料三千六百七十九條，涉及一百七十七個姓氏。據二〇〇六年《紹興叢書》編委會對上海圖書館藏紹興文獻的調查，上海圖書館館藏的紹興家史譜牒資料有三百多種，據紹興圖書館最近提供的信息，其館藏譜牒資料有二百五十多種，一千三百七十八册。紹興人文薈萃，歷來重視繼承弘揚耕讀傳統，家族中尤以登科進仕者爲榮，每見累世科甲、甲第連雲之家族，如諸暨花亭五桂堂黄氏、山陰狀元坊張氏，等等。家族中每有中式，必進祠堂，祭祖宗，禮神祇，乃至重纂家乘。因此纂修家譜之風頗盛，聯宗聯譜，聲氣相通，呼應相求，以期相將相扶，百世其昌，因此留下了浩如煙海、簡册連編的家史譜牒資料。家史資料入典，將遵循「姓氏求全，譜目求全，譜牒求優」的原則遴選。

雜史部分是紹興歷史文獻中内容最豐富、形式最多樣、撰者最衆多、價值極珍貴的部分。記載的内容無比豐富，撰寫的體裁多種多樣，留存的形式面目各異。其中私修地方史著作，以東漢袁康、吴平所輯的《越絶書》及稍後趙曄的《吴越春秋》最具代表性，是紹興現存最早較爲系統完整的史著。

雜史部分的歷史文獻，有非官修的專業志、地方小志，如《三江所志》《倉帝廟志》《蠣陽志》等；有以韻文形式撰寫的如《山居賦》《會稽三賦》等；有碑刻史料如《會稽刻石》《龍瑞宫刻石》等；有詩文游記如《沃洲雜詠》等；有珍貴的檔案史料如《明浙江紹興府諸暨縣魚鱗册》等；有名人日記如《祁忠敏公日記》《越縵堂日記》等；有綜合性的歷史著作如海内外孤本《越中雜識》等；也有鉤沉稽古的如《虞志稽遺》等。既有《救荒全書》《欽定浙江賦役全書》這樣專業的經濟史料，也有《越中八景圖》這樣的圖繪史料等。舉凡經濟、人物、教育、方言風物、名人日記等，應有盡有，不勝枚舉。尤以地理爲著，諸如山川風物、名勝古迹、水利關津、衛所武備、天文医卜等，莫不悉備。

這些歷史文獻，有的是官刻，有的是坊刻，有的是家刻。有特别珍貴的稿本、鈔本、寫本，也有珍稀孤罕首次面世的史料。由於《紹興大典》的編纂出版，這些文獻得以呈現在世人面前，俾世人充分深入地瞭解紹興豐富多彩的歷史文化。受編纂者學識見聞以及客觀條件之限制，難免有疏漏錯訛之處，祈望方家教正。

《紹興大典》編纂委員會

二〇二三年五月

民國嵊縣志

三十二卷首一卷

牛蔭麐、羅穀修，丁謙、余重耀纂

民國二十三年（一九三四）鉛印本

影印説明

《（民國）嵊縣志》三十二卷首一卷，牛蔭麐、羅穀修，丁謙、余重耀纂，民國二十三年（一九三四）鉛印本。半葉十二行行二十五字，小字雙行同，白口，單魚尾，四周雙邊。原書版框尺寸高19.2釐米，寬14.1釐米。書前有羅穀、余重耀序，另有重修縣志題名、捐資題名及凡例。書前編繪縣區地圖二十四幅，皆用測量影繪，方隅位置可按而稽，並附圖考刊誤。書後有邑人錢通焌跋。

據書前羅穀序可知，《（民國）嵊縣志》初創始於民國五年，由時任縣令牛蔭麐倡修，丁謙擬定體例，中經變易擱置。後羅穀來知縣事，「得余鐵山、張味真二君子踵丁廣文擬議例目，討論修飾，參互攷訂，以底於成」。兩任知縣前後接力，歷十九年，縣志終於修成。牛蔭麐，字雨青，安徽合肥人，歷任嘉善、嵊縣知事。丁謙，字廣文，嵊縣人。羅穀，字叔弘，湖南郴縣人。余重耀，字鐵山，諸暨人，另著有《函雅廬詩稿》《函雅廬文稿》。

此次影印，以天津圖書館藏本爲底本。另據《中國地方志聯合目録》，國家圖書館、上海圖書館、浙江圖書館等單位亦有收藏。

嵊縣志

民國廿二年印

中華民國二十三年重修

馬浮署

序

民國二十年冬仲益陽

呂公蘧孫奉簡命長浙民廳銳意振刷吏治辟予佐備之次年季秋　呂公出巡命予櫜筆以從自武林趨江東渡登陸跨鐵崙關乘汽車馳蕭山經山陰道上轉會稽曹娥停車就舟行六十里至三界鎮舟子告予曰此紹興上虞嵊縣甌脫處也過此則隸嵊矣前行三十里有山高聳數十丈俯臨江上岑巒崝峭苔蘚斕斑幽松古薜參差相間宛然圖畫舟子指以相告曰此畫圖山也爲神往心怡者久之又行三十里嵊城在望舟泊縣令羅駿超迓入城呂公集都人士詢民間疾苦風俗利弊詳且悉調駿超任永康檄予承其乏維時四境匪燄熾張民情恇怯地方杌隉無設施之可言予念欲靖地方必先戢匪氛欲戢匪氛必先強民氣欲強民氣

必先恢廓自衛能力白諸　呂公報可遂令行各鄉鄉長剋期舉辦義務團諈諉士紳之孚衆望者慫恿敦迫之躬詣各鄉勸導督察辦理紆緩者促成之措施失當者糾正之組織完善者溫詞慰獎之緝捕奮勇者頒金犒勞之甫閱月而闔境義務團完成又閱二月拔各團之尤者編爲聯防隊防務日臻鞏固民氣強奮匪氛戢斂萑苻迺漸漸肅清矣不佞癖嗜山水巡鄉餘閒輒憑眺流覽不肯將佳山水輕輕放過是故於東見高聳四萬八千丈之四明山見怪石層堆玲瓏曲折不可名狀之石鼓山見丹霞赤城縹緲奇麗之金庭山於東北見平遠蘊藉之車騎山於西見峻極崔巍吐雲含景各有飛瀑流注之太白山小白山於西南見壁立萬仞呂規叔朱新安談道之貴門山見山峯秀特菩封石刻王右軍遊樂之刻石山於南見突起田中平正如截之方山見石壁奇峭蒼

崖滴翠之蒼巖山於北見山隩深峭澗流紺碧之謝巖山見峯嵐秀拔上干雲霄疊石巑岏下臨碧淵可驚可愛之大崿山小崿山各盡其態各極其姸爲虖觀止矣迴憶十五年夏間追隨

譚先院長率大軍由湘入贛轉戰浙皖取道溧水克金陵歘歷盧山黃山仙霞括蒼東西天目山鍾山自謂集山之大觀不圖四山之嵊竟能盡態極姸抹煞其他名勝謫仙所詠自愛名山入剡中誠味乎其言之也是則不佞所忻忻自憙而漫詡此行之不虛者也然地方粗告敉平徒陳治標之芻狗未覩治本之蓍龜前所私自欣幸者正滋媿赧矣乃向都人士索閱縣志藉資借鏡僉答以舊志殘佚新稾在部署期間不佞廩廩以未獲治鏡時虞隕越貽羞二十三年秋暮稾具揭以示不佞方知修志倡自牛前合體例擬自丁廣文中經變易擱置後得余鐵山張味眞二君子踵丁廣

文擬議例目討論脩飾參互攷訂以底於成閱時已十有九載宜乎錢子之跋有脩志艱曠之歎也顧牛大令雅意提倡不獲一覽不佞瞠乎其後竟逢其適而觀厥成是眞不佞莫大之幸而深喜資治之得金鑑也爰濡筆而樂爲之序郴江叔弘羅毅

序

民國紀元之二十一年嵊縣斷代修志竟仿涑水通鑑及近修江蘇浙江通志例也顧卷帙幾倍增於前議者或病其蕪曰此剡中諸君子抱殘守闕於絕續之交寧廣取無多捐寧識小無遺大勿使來者有文獻無徵之歎也蓋郡邑之志其源出於夏禹貢周職方至唐元和郡縣志太平寰宇記於是古蹟人物藝文始稍稍著其崖略焉元明以來方志益以尣矣列傳侔於家乘藝文詳於總集末大於本通人病之矯其弊者則康德涵之志武功韓五泉之志朝邑其尤著者也迄清代作者彬彬大率遠略而近詳豈皆出於文人之夸飾歟抑亦古今之嬗代政俗之沿革人事之紛紜蕃變遞衍遞繁撰紀者固不得而略也是故以禹貢職方之例例明代則康韓兩志爲已尣以武功朝邑兩志之例例近時雖班馬爲

之亦不足以備掌故而資考鏡此固不得以卷帙之煩省文字之高下論矣剡志之最古者曰剡東錄傳本已日稀其著者爲高疎寮先生之剡錄周海門先生之嵊志剡錄序述有法周志則議公而覈事簡而該文古而雅然卷帙已十倍於剡錄焉矧閱明清兩朝數百年建置之變更鄉鎭之分合戶口之登耗物產之盈絀政教之張弛風俗之淳漓民生之利病人物之盛衰故國喬木之思易代滄桑之感舉而約諸一帙之中雖欲簡烏得而略諸故修舊志而愼於删是諸君子抱殘守闕之旨也光宣以來朝野亦多故矣而舊志成於同治庚午歲迄共和紀元歷年僅四十餘爾咨父老詢故實所謂所見異辭所聞異辭所傳聞又異辭者不可勝道也博訪詳諮屢淹歲月徵一邑之實錄成斷代之完書是又諸君子網羅文獻之盛心矣烏得以其蕪而少之乎夫嵊固舜禹所過

化也地炳其靈人毓其秀覽形勝者指畫於山川訪古蹟者流連於邱壑而寓賢棲逸蜚遯之士往往移情於山水而不能去如剡錄所紀信足以激薄而渟澆矣故其士樸以敦其民樸以勤其孝友忠義節烈出天性昔人所謂風教固殊者觀之於嵊志而益信焉遠溯王謝二戴之清風近懷喻石臺周海門諸先正之教澤讀是志者其亦可以觀感而興起矣凡纂稿若干卷事增於前而例仍其舊緒理要會猶有待焉諸君子不棄譾陋而授簡於耀編次既竟爰揭其義例之大者如右後之覽者庶不恨於文獻之無徵爾

中華民國二十有一年冬仲諸曁鐵山余重耀撰

重修縣志題名

倡修

牛蔭麐安徽合肥

鑒修

羅　毅湖南郴縣

總纂

丁　謙邑人　余重耀諸暨

參訂

張　冶

分纂

郭慶嵩　呂壽名　袁耀章

總校

商寶慈

分校

錢匡一　卞寶銓　袁藩夏　卞繼武

采訪

王丙樞　陳　霦　楊啓初　吳　皓　張寶田

袁　典　趙樹誠　呂錫庚　尹棟雲　張涵初

錢雲舫　錢秋屏　葉作舟　史昧三　徐華堂

王維廉　馬錫璋　馬名蕙　張燮宸　吳季雍

張鑑衡　樓昌華　裘丙圻　裘　脩　郭光譽

劉祖熙　竺柳堂　王雪舫　竺紀年　周肇庠

高拱宸　魏毓階　茹古化　丁百璋　李雨香

童六安　俞杏卿　童介眉　黃　瓚　王頌年

董德威　黄彝　屠湘舟　徐雲舫　錢浩倫

錢敬時　周棪　周無羈　孫式範　范幼蘭

收掌

卞寶銓

支應

蔡晃

嵊縣志

二

重修縣志捐貲題名

牛大合蔭壑　捐銀二百元

袁滌庵君　捐銀二千元

金祿甫君　捐銀一千元

倪德錦君　捐銀一千元

王曉籟君　捐銀一千元

嵊縣志總目

卷首

圖考

全縣圖

縣城圖

二十二區分圖城區 崇康區 游康區 靈笠金區 忠孝庭區 方昇區 平義區 桃源區 白鶴區 長樂區 開元區 太平區 輔仁區 剡源區 雨錢區 崇仁區 安富區 順安區 游孝區 靈芝區 德政區 東土區

卷一

地理志沿革 疆域 山川 古蹟

卷二

建置志城池 署廨 倉廒 善堂 都里 市鎮 郵鋪 兵防 兵事

凡例

一民國紀元共和肇造經制典例多異前規賡續成書勢難畫一茲遵浙江江蘇通志新例紀載至宣統三年止別纂備乘一編載民國紀元以來事蹟爲異日修志之資料

一同治志總目十二殿以雜志茲仍其舊至小序則義各有當不復沿用

一圖表古疎而今密地志古略而今詳茲編縣區各圖皆用測量影繪方隅位置可按而稽也

一舊志學校載學宫陳設樂懸儀節樂章樂舞之屬一朝通典本非一邑所專昔人多訾議之自應從删惟近來官書流傳日少舊志亦散佚無多告朔餼羊姑存其舊

一祠祀志頗涉機祥不無濫載然或關於宗教或載於祀典或不

載於祀典而有功德於民者則祀之皆合甲之所不禁而邑乘所不可闕也故前志所載不敢妄删

一道光以前選舉志附貢監貢皆入載同治志則不增載監貢唯已入前志者仍之本編經議定附貢亦不增載其已入前志者亦仍之

一舊志表章列女采輯頗多新纂續增亦復不少要之婦女德操概略相同故閭多臚列姓氏不詳事實然卷帙已繁矣

一同治志以經籍與藝文複出故取王儉七志之目易藝文爲文翰然文翰即藝文也諸志皆同無須立異故仍易爲藝文

一官府檔案公庭判事仍遵舊志概不登載凡爭訟者不得援志書爲證

城區

黄澤溪口
竹山渡
竹山村
竹山
山前
何家大塘
何家村
毛狗岩
王山頭
擇樹下
馬家
岑岩下
四畝
馬家山
姚家山
報德菴
牛眼山
車塘
艇湖村
艇湖山
艇湖塔
下山脚
朱公河
明心寺
馬家村
星子峰
剡山
山頭等
周家
白沙地
半塘
迎恩亭
毛家灣
定心菴
戴中岩墓
菜園
陳家岙
縣治
鹿胎山
東門橋
螺青亭
下東渡
湖神庙
南門橋
竹生潭
仙人坑
泥塘等
謝墓
石板頭
藕塘边
花田塔山
黄塘橋
中渡
大岩頭
下陳
下任
剡溪
方田山
雅致
象鼻山
三頭桥
毛岩橋
瀨頭
潭頭
姚家
江東
板頭
屬城區
潭邊
潭邊山

崇康區

誤	正	誤	正
巖頭	魚巖頭	布政坑	布經坑
方昇區			
誤	正	誤	正
馬鞍橋	馬鞍遶	馬衙堂	馬路堂
苞衕	笆衕	章家頭田	張家田頭
登頭	墩頭		
平義區			
誤	正	誤	正
丁墺	下墺	章村	童村
哥嶺	八斗縠嶺	麗塢	利塢
桃源區			

誤	正	誤	正
侕家渡	倪家渡	下侕	下倪
梅閒家	梅澗橋		

白鶴區

誤	正	誤	正
黃毛嶺	黃毛塢嶺	八斗哥嶺	八斗穀嶺

長樂區

誤	正	誤	正
毛玉山	牢獄山	貴門嶺	大嶺

開元區

誤	正
太白山	大白山

幹路當從石佛橋西折經上珠溪灘村

東山坑當從普惠寺山來

太平區

誤　正　誤　正

西路　細路　上南莊　下南莊

下南莊　上南莊　漂巖　佳巖

由溪　深溪　蓑龍田崗　蓑衣田崗

從深溪直上定山崗背周圍數十里約占全區八分之一有嶺頭上屋楓樹下趙家栗樹屏大俞孔鯉七村皆二十戶以上失繪

輔仁區

誤　正　誤　正

新塓　新墺　星塘　星堂

剡源溪　石井坑

剡源溪在堰底村南入江湖頭與後羅村水道不連

前羅村與上蘆方水道不連

全家村西之水不與張家村南之水連

沈村村北之水當與沈村西南之水會合流至後白竹村

剡源區

誤　正　誤　正

油羅山　猴樓羅山　分水坑　分水崗

冷壺　冷塢

璠田重見在山口村附近者董村也

雨錢區

誤	正	誤	正
橫山地下	王山頭下	楂村	查村
範村	范村	照龍橋	招龍橋

崇仁區

誤	正	誤	正
長衕崗	長郞崗	嶺姥石	石姥嶺

石大門大信巖等處失繪

安富區

誤	正
西洋脚	西樣山脚

順安區

誤	正	誤	正

誤	正	誤	正
碗坑嶺	安坑嶺	下家	卞家
小墺底	相墺底	下版	下坂
俞墅	榆樹	木嶺	白木嶺
后山屏	石山屏	上週	上周
上趙	上朝	王山嶺頭	横山嶺頭
朱巖潭	緇巖頭	高岸頭	高巖頭
官園古嶺	官園古鎮	出水宋	出水崇
楓前嶺	楓田嶺	下席坂	下徐坂
游班衕	俞班路	策盾崗	拆籐崗
遊孝區			

誤	正	誤	正
建溪	逵溪	龍池田	地下菴

太平地	大平地	石舍	鬧水
大鳥	大烏洋		
靈芝區			
誤	正	誤	正
大王廟	大王村	清風	姚墺
水家塘	水閣塘	大山	裏大山
德政區			
誤	正	誤	正
清漳	清潭	均村	金村
王家四墺	王教書墺	裏家埠	李家浦
裏墺	李墺	多房	大墺
崗頭	茶園頭	丁字嶺	丁宅嶺

司墺	嚴家	大墺田	大爿地
黄金山	黄荆山	前安	前巖
東坑坑	東坑灣		

金溪動石溪地望訛誤

東土區

誤	正	誤	正
萬墺	萬家墺	俞岸	于坎
東村	董村	門山	石門山
絞灣	蕉灣	樹灣	宋史灣

嵊縣志卷一

地理志沿革　疆域　山川　古蹟

嵊漢爲剡縣元封初樓船將軍出武林攻東粤所取道也五代時析剡東十三鄉置新昌明成化間復割會稽二鄉以隸之其地東聳四明西當太白南巍天姥北峙大嶀介於二郡六邑閒形勢常爲浙東雄世平則追典午之風流時危則奏小戎之敵愾雖中原多事數被兵而屹屹巖疆守望常固莫或敢余侮豈不以形勝哉昔人稱東南山水越爲首而剡爲面萃扶輿奇偉清淑之氣鍾毓人文代有瑰意琦行之士出於其閒然四郊多壘則據建瓴之勢以控姚會固維城之守以保溫台尤當今防未然之遠慮也故攷沿革正疆域而山川古蹟以次附焉作地理志

沿革

禹貢揚州之域

張志 縣古唐虞揚州地夏少康封庶子無餘會稽國號於越地在封內歷商周至戰國越亡入楚秦滅楚始皇二十六年以故越地置會稽郡剡爲領縣始稱焉舊志云縣北有星子山秦皇東遊劚其山之南千丈以洩王氣曰剡坑縣因以名

漢置縣曰剡

漢書地理志會稽郡縣二十六 吳 曲阿 烏傷 毗陵 餘暨 陽羨 諸暨 無錫 山陰 丹徒 餘姚 婁 上虞 海鹽 剡按平帝時王莽改剡曰盡忠建武初復名剡 由拳 太末 烏程 句章 餘杭 鄞 錢唐 鄮 富春 冶 回浦

剡錄 漢剡縣屬會稽郡道書曰兩火一刀可

以逃言剡多名山可以避災也梁載言十道志曰讖曰兩火一刀可以逃自漢以來擾亂不少故剡稱福地道光志

按史記秦始皇二十五年置會稽郡治吳不言置縣漢書地理志景帝四年吳屬揚州縣二十六剡其一也剡錄亦稱漢剡縣張志秦始皇二十六年置會稽郡剡爲領縣始稱焉李志仍之今考浙江通志李府志並以爲漢縣

東漢三國吳相承爲剡縣

浙江通志王莽改剡曰盡忠後漢世祖建武初復名剡太平寰宇記後漢順帝以浙東十三縣爲會稽郡剡亦屬焉按秦置會稽郡治吳今蘇州府吳縣順帝永建四年分置吳郡移會稽郡治山陰剡隸焉續漢書郡國志

會稽郡　山陰　鄮　烏傷　諸暨　餘暨　太末　上虞

剡　餘姚　句章　鄞　章安　吳書賀齊守剡長

晉宋齊隋並因之

〔晉書地理志〕會稽郡統縣十　山陰　上虞　餘姚　句章　鄞　鄮　始寧　剡　永興　諸暨　〔宋書州郡志〕會稽太守領縣十　山陰縣令　永興令　上虞令　餘姚令　剡令　諸暨令　始寧令　句章令　鄮令　鄞令　〔南齊書州郡志〕會稽郡　山陰　永興　上虞　餘姚　諸暨　剡　鄞　始寧　句章　鄮　〔隋書地理志〕會稽郡統縣四　會稽　句章　剡　諸暨　〔同治志〕按梁陳二書於剡縣無考當仍齊制

唐初立嵊州兼置剡城縣旋復舊

〔剡錄〕唐武德四年平李子通（唐鄭言平有剡錄一卷）以剡縣立嵊州及剡城縣（夏志以剡北鄉及始寧南鄉置嵊州并析置剡城縣）八年廢嵊州及剡城仍

爲剡縣屬越州太平寰宇記孔靈符記云縣本在江東賀齊爲剡令移今所隋末陷於李子通武德四年平賊以剡爲嵊州六年廢嵊州依舊爲剡縣唐書地理志會稽郡縣七

會稽望 山陰緊 諸暨望 餘姚緊 剡望 蕭山緊 上虞上

五代吳越改剡曰贍析置新昌縣

十國春秋吳越東府越州領縣八 會稽 山陰 諸暨 贍因二火一刀之說惡其不祥改爲贍 餘姚 蕭山 上虞 新昌

新昌縣志梁開平二年吳越王錢鏐析東鄙十三鄉置新昌縣

宋初復爲剡後改嵊

府志元豐九域志會稽山陰之下作剡縣剡錄宋宣和三年方臘平越帥劉韐以剡字有兵火象請改嵊名詔從之

或云宣撫使童貫乞改

宋史地理志　紹興府縣八　會稽望山陰望嵊望諸暨望餘姚望上虞望蕭山緊新昌緊　同治志　按宇書四山爲嵊　許志　東簟山南黃山西太白山北嵊山　夏志　東四明山南天姥山西太白山北嶀山

元明相承爲嵊縣

元史地理志　紹興路縣六　山陰上會稽中上虞上蕭山下嵊縣上新昌中　周志　元至正十五年方谷珍據台溫張士誠據淮浙縣境東屬方西屬張丙午明定越仍隸紹興成化八年知府洪楷奏割會稽德政東土二鄉隸嵊　明史地理志　紹興府領縣八　山陰　會稽　蕭山　諸暨　餘姚　上虞　嵊　新昌

清因之

一統志　紹興府領縣八　山陰　會稽　蕭山　諸暨
餘姚　上虞　嵊縣　新昌　乾隆李志　嵊初爲中缺稱
衝繁雍正六年知縣李之果詳報衝繁疲　道光志　乾隆間
仍改衝繁爲中缺

疆域

分野　（漢書地理志）粵牽牛婺女之分野也（內緯祕言）牛五度紹興府山陰會稽入八分之五蕭山諸暨餘姚入八分之七女三度紹興府嵊縣新昌入四分之六

廣袤　（剡錄）東西二百七十六里南北七十里（張志）東西廣一百七十六里南北袤七十里周凡六百三十里

接壤　（舊府志）東至陸照嶺（剡錄作六詔嶺）一百四十里寧波奉化縣界東南至大湖山七十里南至胡朓一十五里俱新昌縣界西南至白峯嶺九十里金華東陽縣界西至勞績嶺一百三十六里諸暨縣界西北至孫家嶺七十里北至池湖五十五里俱會稽縣界北至郁樹嶺六十里上虞縣界

路程　（剡錄）境在府東南一百八十里（乾隆李志）縣至府二

百里至省二百二十五里水陸等至京師水行四千六百四十里陸行四千五百四十五里

形勝　周志　嵊南孔道與新昌脣齒東西北三面跨山江流中貫據姚會之上游作溫台之門戶形勝險阻亦云壯哉張志東屹四明西巍太白南蔭天姥北峙大嶀襟山帶江地稱阨塞雖通三郡界六邑其六詔白峯勞績上館諸嶺行不得併度必須緣惟自虞至新爲孔道而清風峻隘三溪阻深亦未易梯航也

山川

鹿胎山　在城西北隅城絡其巔縣治跨其麓山以陳惠度得名同治志昔獵士陳惠度射鹿於此鹿孕而傷既產以舌舐其子子乾而母死惠度因棄弓矢投寺爲僧山因以名鹿死處

生草名鹿胎草後僧徒日衆乃拓所居曰法華臺今惠安寺是也（剡錄）下有圓超寺又西爲儒學至西嶺爲社稷壇下爲剡溪跨山臨城爲剡城（萬歷府志）山頂有宗傳書院（李志） 宋朱子登眺其上曰溪山第一（一統志） 學宮明倫堂前石磴曰梯雲嶺舊名桂嶺

剡山　自鹿胎山越城以北一里爲剡山（同治志）在縣治後介羣山中南當平陸湊羣流而特峙其巔屹然一小峯曰白塔岡有浮圖曰白塔寺宋釋仲皎結廬於此曰閑閑菴（一名倚吟閣）四望數百里溪山宛在目中（李志） 山爲越面縣治宅其陽北出一峯曰星子峯比他山稱峻竦岡隴迢遞與星婺脈絡其下曰剡坑清湍潺潺行竹樹陰坑左右多果卉西爲聖潭山深而松秀中有潭穴泓泓可勺世傳秦始皇東遊使人劚此山以

洩王氣土坑深千餘丈坑澗之水清澈可愛剡錄

金波山　在縣北三里有明心禪寺宋治平三年賜額有歸鴻閣歸雲亭皆治平時建寺東有荷花坪偃公泉宋學士高文虎築樓讀書其間所稱玉峯堂是也內有雪廬藏書寮寺在建隆時號黃土塔院山又稱黃土嶺今惟稱明心嶺同治志偃公泉高似孫品泉第十三

艇湖山　自剡山以北五里許東出曰艇湖山道光志作縣東五里晉王子猷雪夜訪戴安道舟至此返故名名勝志俗呼並湖山上有塔下有子猷橋訪戴亭萬歷府志艇湖今淤爲田同治志

竹山　在縣北十里康樂鄉道光志作縣東十里出艇湖山左張志有井泉高似孫品泉第十六

過港嶺　在縣北十五里康樂鄉道光志作縣東兩崖壁立一水縈洄

崖陰鐫高山流水四字同治志　明盧鳴玉曰水從天落崖與臯平見遠天一隙直從石罅中入道光志

餘糧山　一名了山在縣北十五里遊謝鄉有禹祠焉相傳禹治水畢功於此餘糧委棄化爲石磊磊如拳碎之內有赤糝名禹餘糧又南五里有甑山一名甑石亦傳大禹遺跡有禹妃祠同治志

謝巖山　在縣北三十里遊謝鄉剡錄作十五里晉謝靈運遊此四顧放彈丸落處爲祠今有石曰彈丸周志　有謝仙君祠康樂所遊也山陝深峭被以荆榛巨澗奔激清湍崩石映帶左右入於溪下爲三瑞嶺舊名三墜俯視深川紺碧一色同治志　謝巖潭高似孫品泉第十七

趙公阜　在縣北三十里遊謝鄉晉懷帝永嘉二年石勒亂太

常樂工趙某佚其名與其徒二十四人避地於此故名或云一十八人道光志

仙巖　在縣北三十里遊謝鄉有馬蹏石相傳秦始皇東遊馬足所踐同治志浙江通志載馬蹏石卽此

舜皇石　在縣北三十里靈芝鄉周志作四十里遊謝鄉大嶀東出一隴山矗嶺複與嶀山頡頏上有舜廟舜井李志

清風嶺　在縣北四十里靈芝鄉當嶀山之東舊名青楓嶺懸巖峭壁下瞰剡溪宋臨海王烈婦爲元兵所掠至嶺齧指血題詩巖石投崖死血漬入石天陰雨墳起如新後人作亭易名清風以表之亭前履跡宛然入石今爲王烈婦祠同治志

嶀山　在縣北四十里靈芝鄉高可干霄上有華家岡義之坪酒蕩山盧棲灣東嶀峯周志作東埠豹窟龍塘白竹嶼烏蛇峯龍

角石鷹窠巖箬嶺梁詔亭等勝剡𣱵而東曰小嶀山叠石巑岏虬松偃蹇竹林蘿線曳紫搖青其下爲嶀浦溪漾銀沙潭凝碧水霧暗霞明奇麗殊絕輿地志 相傳吳越王錢鏐舟至山下歎賞其異駐舟賦詩同治志 北有石牀謝靈運所垂釣也道光志

崞山與嵊山接二山雖曰異縣其間傾澗一作頃洞懷煙泉溪引霧吹畦風馨觸岫延賞山嶠壁立臨江欹路峻狹不得併行行者牽木梢進不敢俯視西有一孤峯飛禽罕至山頂樹下列十二方石地甚光潔嘗有採藥者沿山見通蹊至此還復更尋遂迷前路王元琳謂之神明境水經注 按崞字疑嶀字之誤舊在始寧縣境故曰與嵊山異縣同治志

上官嶺 在縣北五十里靈芝鄉道光志作上館嶺 古會稽界其西十里爲茶園岡

以上縣北

花山　在縣東北三十里遊謝鄉李志去竹山二十里爲花山怪石奇松宛然圖畫名勝志

畫圖山　在縣北三十里道光志作東北從花山左出高可十數丈俯臨江上岑巒崷峭苔蘚斕斑古薜幽松參差相間嵊多怪石畫圖尤勝宛然小李將軍斧劈皴也同治志　唐人曰圖山數尺可抹台蕩諸峯明知縣許岳英刻佳山水三字於崖陰道光志

嵊山　在縣東北三十里遊謝鄉道光志作四十五里剡錄作縣東三十里圖經作三十四里凡遊謝鄉之水皆會於山南名嵊溪至花山下橫入剡溪同治志　江水北逕嵊山山下有亭帶山臨江松嶺森蔚沙渚平淨水經注　宋書張稷爲剡令至嵊亭生子名嵊字四山嵊之爲字取四山相合如乘馬乘雁之義

逍遥山　在縣東北五十里遊謝鄉張志李志均作靈芝鄉　相傳有趙將軍隱焉佚其世同治志

車騎山　在縣東北五十里遊謝鄉道光志作六十里　晉車騎將軍謝玄爲會稽內史於此立樓居止上有車騎坐石周志　嶀山東北逕太康湖謝玄舊居所在右濱長江左傍連山平陵修通澄湖遠鏡江曲起樓樓側悉是桐梓森聳可愛號桐亭樓山中有三精舍高甍淩虛垂簷帶空俯眺平林烟杳在下水陸寧晏足爲避地之鄉樹下有十二方石地甚光潔水經注

簞山　在縣東三十里道光志作三十一里　山勢平整如設莞簞有白巖龍祠碧潭淵淵用干霖雨其下衆流趨導湍石迅激浮嶮四注剡錄　東有簞山南有黃山與白石三山爲縣之秀峯水經注　簞山潭高似孫品泉第四

臥龍山　在縣東四十里靈山鄉自四明迤而西內有七十二名勝張志作二十七爲邑進士王心純別業𡸁洞吞雲瑤泉捲雪怪石磊磊或竦或蹲穿徑而行陰森杳遠有了眞洞睡仙石兜鍪峯綴星巖同治志

清泉山　在縣東四十里金庭鄉

金鐘山　在縣東四十里靈山鄉上有石屋禪林

陳公嶺　在縣東七十里孝嘉鄉舊名城固嶺宋邑令陳著明州人有惠政及代去民扳輿泣留祖帳夾道送之嶺上因易今名同治志

金庭山　在縣東七十里剡錄作七十二里天台華頂之東門也剡錄舊名桐柏山唐天寶六載改曰丹池積翠縹緲雲霞所興神仙之宮也名勝志金庭桐柏與四明天台相連屬夏侯曾先地志桐柏

在天台金庭在剡舊又以金庭爲桐柏蓋其山隴連屬故爾嘉泰會稽志　剡中山水之奇麗金庭洞天爲最其洞卽道家所謂丹霞赤城第二十七洞天也其北門在小香爐峯頂人莫能見王羲之家於此有書樓墨池遺迹南齊道士褚玉伯建金庭觀乃其宅唐裴通記　金庭周圍三百里名金庭崇妙之天褚伯玉沈休文居之名山記　山之西有小香爐峯南有卓劍峯前有五老峯後有放鶴峯東有毛竹洞天東岡舊志　晏殊類要　桐柏之金庭養眞之福地蓋指此唐先天閒敕女道士王妙行詣金庭山投龍卽其處舊府志　毛竹洞洞口竹生毛節覆一節亦奇物也按毛竹洞卽金庭洞　山之東南曰太湖山新昌界同治志

石鼓山　在縣東七十里孝嘉鄉道光志作五十里　怪石層堆如甕覆立玲瓏曲折不可名狀張志　中容一二十人可從上盤旋而出

世傳王羲之池中鵝嘗飛至此故又名靈鵝山有鼓石磬石劍石筆石硯石鋸石帽石屏石枕石笏石下有石鼓道院萬曆府志石鼓者人踐焉石輒響答剡錄　石鼓有二一在石鼓山所謂靈鵝石鼓是也一在悟空寺側所謂西鄉石鼓也李志

三峯山　在縣東七十里忠節鄉三峯峭拔鼎峙中有龍池下有清隱寺旁有東林嶺李志其陰與鄞之雪竇山接岡嶺敷亘澗道羣流剡錄

戴公山　在忠節鄉多茂林叢竹又有清流激湍丹崖蒼石互相映帶山之巔有龍湫剡錄

錦屏山　在縣東七十里忠節鄉山類錦屏張志志作錦山　道光舊志云有澗流亘山址遇石壁折旋西去數十步有石如鎖貫澗中名石鎖傍有石卓立圓淨如米廩自石鎖沿澗下又數十

步左右皆坡有石溜闊可三尺許深八尺長可五丈許澗流東入其中至溜口入石井井闊丈餘圓潔如琢磨澄澈無底南有小溜闊尺許深二丈奇長二丈井水南循小溜而出井東平臥石龜大可三丈許跨溜上昂首南向下則空洞可坐十餘人龜尾有人履跡二龜足有石鼓扣之硿硿有聲有石梁驟雨水溢井溜莫別稍霽則漱石注玉泠泠然可玩萬曆府志石井相傳爲龍窟有以物投井者後自海畔人家見之因謂與海通稱海眼云同治志

龜山　在縣東七十里忠節鄉兩山如子母龜界二水合流之間同治志

秀尖山　在縣東九十里卓立干霄狀如芙蓉雲霧不絕爲四明山入嵊之最高者同治志

覆巵山　在縣東九十里遊謝鄉道光志作七十里北隸上虞南隸嵊東連百丈岡西逶迤至三界而止世傳神仙憩飲之所或謂謝靈運登山飲酒覆巵巖上或云其形似也石峽中刻覆巵二字筆法甚奇同治志　中有龍眠石石竅水流不涸時有白雲出沒亦名龍窟明一統志今存一石竅大旱不涸呼爲龍眠窟巔有石平廣可受數十人下瞰江海羣山羅列焉李志北爲上虞南爲嵊盤踞二縣閒地名烏坑絕頂四望東大海西會稽皆彷彿可見萬歷府志

四明山　在縣東三十里靈山鄉道光志山高萬八千丈周二百十里綿亘寧波之鄞慈溪奉化紹興之餘姚上虞嵊台之天台諸縣凡二百八十二峯西七十二峯屬餘姚上虞境主峯石窗在餘姚俗稱大俞山上有石室中界三石分一室而爲四俯臨無際自下望之玲瓏如窗牖山號四明以此北面七

十峯總名八囊山入慈谿境東面七十峯總名鷲浪山入慈谿鄞縣境南面七十峯總名驅羊山入嵊奉化天台境嵊東諸山自花鈿金庭石鼓外皆四明之分支也同治志千嵒萬崖巍與天敵陽巖陰嶂怪迹可稽剡錄周志凡二百八十二峯四面巑聳形勢區分東號鷲浪山與句章境接西狀如奔牛稱奔牛隴中有三朶峯漢張平子家焉少南五峯相望類芙蓉曰芙蓉峯中峯有漢隸深刻曰四明山心其上爲鶱鳳巖或曰鶱鳳又南曰驅羊之勢地宛轉吐出清澗水南流入鄞西南八峯如罾囊號八囊山北兩山如走蛇曰走蛇之峭鶱鳳右爲石窗四面玲瓏亦名四窗是稱四明有唐謝遺塵居下有龍潭

六詔嶺　在縣東一百四十里奉化縣界舊志作陸照嶺

以上縣東山敍次自南而北惟六詔嶺在東南因里次太遠居末

玉帶山　在縣南十里方山鄉道光志作在縣南十五里山形如帶長亘十里剡之南望也山外析爲新昌境其東爲謝墓山即馬鞍山山巔有塔曰天章塔

方山　在縣南十里方山鄉高八尺廣二丈許突起田中平整如截土色黄一名黄榜山水經注南有黄山名勝志黄山一名方山　道光志舊志分方山黄榜山爲二今依舊府志合之

拱北山　俗名潭遏山在縣南十里昇平鄉縣治學宫所向形勢北俯如拱水曰潭遏溪

上碧山　在縣南十五里昇平鄉周志張志俱作十里水曰上碧溪　道光志作上璧山

蒼巖山　在縣南二十里禮義鄉萬歷府志在縣西南石壁奇峭一邑用石采諸此歲久成洞洞中積水成池下有蒼崖草堂宋俞毋石氏課子昂讀書處水曰蒼巖溪卽寶溪

遁山　在縣南三十里禮義鄉道光志作四十里有支公嶺同治志旁出一隴曰小遁山有白雲隖漢車騎將軍求恭棲隱之處道光志

中白山　在縣南三十里禮義鄉上有龍湫中有飛鶴峯前有書院宋進士求移忠讀書處

亞父山　在縣南七十里禮義鄉昔有采薪者遇異人曰吾亞父也李志作亞夫山巖下龍潭及石皆以亞父名　亞父潭高似孫品泉第十二

倜儻山　在縣南七十里禮義鄉一名趺宕山傑出淩虛

以上縣南

金雞山　在縣西南二十里禮義鄉道光志作十里平野中崛起一隴狀如展扆又南爲燕尾峯兩山旋繞中爲紫芝隝有明覺寺

金雞山相傳有金雞鳴道光志

刻石山　一名穿山一名獨秀山在縣西南三十里桃源鄉南史齊高祖本紀剡縣有山名刻石父老相傳云山雖名刻石而不知文字所在昇明末縣人兒襲祖行獵忽見石上有文字凡三處苔生其上名勝志上有風洞相傳遇風雨輒聞樂聲晉王羲之嘗遊樂於此山頂廣平鵝池墨沼在焉鄉人立祠祀之李志萬曆府志山有衞夫人碑唐寶歷元年浙東觀察使元稹使人訪碑不獲王十朋會稽賦苔封石刻是也同治志

遙望山　在縣西南四十五里積善鄉當繼錦開元之界俗呼遙慕道光志

籚峯道光志作籚峯山 在縣西南六十里長樂鄉峯高出雲山產籚竹山半有龍井深不可測

上巖山 在縣西南六十五里長樂鄉明正統間有上巖吟社

貴門山 在縣西南七十里長樂鄉舊名鹿門山宋壽春呂禛字規叔居此朱子過訪爲易今名有訪友橋文公泉梅墅更樓諸勝見古蹟 中峯秀拔曰獨秀山河南李易由給事中解職居此有卜居獨秀山卜築貴門詩見藝文志 山之東麓有浴鵠沼前有望仙坪與翔鸞峯胡聖仙館相望翔鸞峯者九州山之別峯魏末趙廣信弟子胡聖鍊丹羽化於此有胡聖仙館九州山距貴門十里界接東陽山頂望窮千里同治志

名勝志 貴門山壁立萬仞一峯尤卓立曰天門嶺佳木老樹陰翳森挺下有仙人洞可受數人石穴有二泉迸出曰二懸潭潭口有

石方整名拜龍石明白太守玉嘗禱雨禮拜於此〔剡錄〕其山崖嶂干雲崚嶒森錯老蝙蝠如鵶亂飛絕西爲仙巖山〔張志〕山有卓筆巖疊書巖普濟龍寺外有數石類僧踞水崖相對危坐名羅漢石俗呼石和尚

九州山　在縣西八十里長樂鄉山頂望窮千里爲西南諸山之最高者

梃山　在縣西南七十里太平鄉山長十八里半屬東陽平岡綿亘望之如一字

白峯嶺　在縣西南九十里太平鄉東陽縣界（一作白楓嶺）

以上縣西南

象駱山　在縣西五里昇平鄉出剡山之右（道光志）形如象駱昂首臨溪而顧縣城舊時山下多酒樓客舍剡西烏船會艤於

此同治志

峨嶠山　在縣西十里昇平鄉逹溪環其麓又十里爲片雲巖有戴逵別業遺址旁有片石高丈許削立如側掌痕

福泉山　在縣西十里清化鄉山如展屏峭壁凝丹女蘿蕩碧山半有泉甘冽曰福泉上有觀音巖同治志下有虎嘯巖巨石十八排列如指曰聽松石同治志明嘉靖閒左右崩裂深數丈長亘數里今名拆坑道光志

桂山　在縣西二十里桃源鄉道光志作二十五里突起平野中俗呼杜山傳爲姜神名洪顯迹之所

亭山　在縣西二十五里崇仁鄉三峯聳秀上有曜文亭

東湖山　在縣西三十里清化鄉有元處士張爚藏書樓舊址

瞻山　在縣西三十五里永富鄉道光志作四十里下有滌巾澗爲帛

道猷滌巾處一統志作贍山五代錢氏改剡縣爲贍疑取此

石姥山　在縣西四十五里崇仁鄉山多楓樹一名楓樹嶺

太白山　在縣西七十里剡源鄉爲縣治西障山連跨三邑在嵊曰西白在諸暨曰東白在東陽曰北白卽水經注之白石山或名太平山　嵊之西白山亦稱小白山卽趙廣信鍊九華丹登仙之所也有白猨赤玃有鳥似雉文采五色口吐綠綬長數尺號吐綬鳥石筍長五六丈對立如闕瀑泉怒飛懸下三十丈稱瀑布嶺亦曰瀑布山對瀑有玉虹亭下有鹿苑寺又名鹿苑山〔宋書〕褚伯玉隱身求志居剡縣瀑布山三十餘載揚州辟議曹從事皆不就〔南史〕褚伯玉居剡中齊高帝勑於西白山立太平館居之　山有葛仙翁祠山巔二小石穴泉湧流至山半有石甕二一曰仙甕石亦稱丹竈泉傳

爲葛仙遺蹟復自甕中出流一里許石崖壁立遂爲瀑布華初平瀑布嶺詩序曰福善所集蔚有靈氣昔產仙茗今油竹山產茶爲佳亦太白之分支也　葛洪丹井高似孫品泉第一　玉虹亭品泉第二

霧露尖　在縣西九十里其北爲折藤岡岡長十里

勞績嶺　在縣西百三十里富順鄉諸暨縣界

以上縣西

葛峴山　在縣西北二十里遊謝鄉高僧竺法崇居焉孔彥深遊山相遇留止三載詳人物志仙釋西有響巖龍井雲雨作巖輒有聲　響巖潭高似孫品泉第六

石門山　一名天竺山在縣西北二十五里崇仁鄉中峯爲石門最高頂南爲九華峯北爲石門峽山有石門蘿薜引罩中

有石牀石枕前有石巖旁有龍湫下有沸水在溪穴閒周二三尺如湯沸四時不休同治志　又縣西北九十里亦有山名石門兩石峭立如門謝靈運有登石門最高頂及夜宿石門詩一統志　石門潭高似孫品泉第五又有獅巖泉品泉第十八

五龍山　在縣西北四十里永富鄉又曰五指山同治志　重岡複嶺巖壑蟬聯老木虬松青蓊失日水自真如山其來迢迢或奔或匯爲靈潭者五剡錄　又曰五豬山有晉高僧帛道猷道場巖穴中有大豕五能鼓狂風爲崇道猷以術降之化爲五龍其南出諸隴爲五百岡山坡產薇爲異草張志　西爲真如山有道猷禮拜石西南爲石姥山同治志　五龍潭高似孫品泉第三又槖潭品泉第十

覺院山　在縣西北六十里其南爲百丈巖有飛瀑瀉落爲百

文潭巖壁常產銀蘭殊幽勝

紫巖山　在縣西北七十里崇安鄉（道光志作西）有石洞盤古松前爲獨秀峯有欹石巖爲沙門茹蘭伏彪處又西十里爲上周山（卽子周山）

穀來山　在縣西北七十里富順鄉（道光志作縣西）〔十道志〕舜耕於此天降嘉穀

榆樹山　在縣西北九十里（嘉泰志作八十里）上有高脚峯將軍石

鵝突峯　在縣西北五十里峯下爲孫家嶺嶺畔有破箭石北五里爲屏山

以上縣西北

溪流

剡溪　在縣南百五十步迤而東北注入上虞爲曹娥江其源有四一自東陽之玉山折而出合太白山衆壑北注與青陽岡五龍山諸派合流經邑治南入於溪一自台婺界道新昌之彩烟山下匯長潭東注上碧入於溪一自天台山北流會新昌溪至拱北山西與上碧溪合而東注入於溪一自奉化界道新昌之柘濂與四明山衆壑合注於青石橋繞黃澤折而東出浦口入於溪既兼四大流又境內之水如顧愷之所謂萬壑爭流者四面咸湊或奔或匯淺而爲灘瀨深而爲淵潭驟急而爲湍瀾曲折迂迴五十里有奇越水口經嶀浦而後達於江◯嶀嵊二山之峽爲溪口剡之四鄉山圍平野溪行其中至嵊山清風嶺相向壁立愈近而嶀山迴巒於下若

遮若護舟行距二三里外望之恍不知水從何出傳云此爲一山禹鑿而兩之以決水舊錄所謂蒼崖壁立下束清流是也自王子猷訪戴安道而溪名乃顯故凡名流爲山水勝遊者多入剡其見於詩歌者或稱剡江剡川剡汀或稱嵊水或稱戴灣戴家溪戴逵灘云

江田溪　在縣西十五里清化鄉合高古後潘二溪入剡溪◯後潘溪在縣西二十里清化鄉一源出逵溪一源出嶺頭峽遶福泉山西麓入江田溪◯高古溪在縣西二十五里清化鄉源出五龍潭經瞻山亭山南流東折入江田溪

逵溪　夏志 在縣西十里孝節鄉至西門入剡溪　張志 在縣西二十里廣利湖水注流折環峨嶠山麓戴安道所居又縣西三十里桃源鄉溯溪入有戴逵故宅曰戴溪

富順溪　在縣西四十里富順鄉源出葑田嶺至瓦窰頭南入剡溪

羅松溪　在縣西四十五里羅松鄉源自三溪經石璜至鴨舍坂南入剡溪○三溪在縣西五十五里崇安鄉源出曁陽界仙家岡匯梅溪後溪釁院溪三水而東南注入羅松溪唐太宗十四年裘甫寇剡官軍討之賊設伏於三溪之南而陳於三溪之北即此

剡源溪　在縣西四十里剡源鄉源出白衍阬經璚田至郯塍入剡溪

西溪　在縣西六十里長樂鄉源出東陽界裏柏嶺經黃沙潭北注入珠溪○珠溪在開元鄉即剡溪上流

崑溪　在縣西八十里太平鄉源出太白山至石砩北注入珠溪

深溪　在縣西百里太平鄉源自東陽之玉山折而東北六十里始入嵊經太白山麓北注入珠溪

以上西源

潭遏溪　在縣南十里昇平鄉源自天台山北流經新昌入潭遏港繞拱北山與上碧溪合而東注入剡溪○上碧溪在縣南十五里昇平鄉

寶溪　在縣南二十里禮義鄉源出台婺界歷新昌彩烟山下匯長潭經蒼巖東注上碧溪

以上南源

黄澤溪　在縣東三十里旌節鄉其源有五一自新昌柘瀼來入溪一自四明山漁溪經新昌麻車入溪一自錦屏山經北莊入溪一自金庭石鼓山經晉溪入溪一自奉化剡界嶺經

新昌孫家田入溪合諸水西注十五里爲棠溪又五里出浦口入剡溪◯浦口在縣東十五里崇信鄉

新澗溪　在縣東二十里崇信鄉源出石屋凹青上林至屠家埠入剡溪

嵊溪　在縣東四十里遊謝鄉源一出梅坑歷小溪鬧水入迢石溪一出覆巵山至下童店合烏阬水經下璜石舍會迢石溪西注入剡溪一名黄石渡

以上東源

了溪　在縣北二十里遊謝鄉一名禹溪源出了山東注剡溪

嘉泰會稽志　禹治水畢功於了溪　越絕書　禹鑿了溪人方宅土

強口溪　在縣北二十五里遊謝鄉水自仙巖入剡溪晉王謝

諸人冬日至此見水石清妙徘徊不能去曰雖寒猶當強飲一口故名又名強中謝靈運詩登臨海嶠初發強中作指此今其地出布曰強口布

浦

迴溪　在縣北五十里靈芝鄉源出嶺頭山環嶀山之陰入嶀

以上北源

晦溪　在縣東九十里忠節鄉發源四明山東流出奉化達甬江宋單崇道居此朱元晦嘗過訪因名

長橋溪　在縣北六十里德政鄉發源嶺頭山經會稽范洋入於江

雙港溪　在縣北東土鄉北港自會稽青潭綠岸來南港自打石溪雙溪來東流經石碑登岸落會稽湯浦又四十里至小

江口入江○打石溪在縣西北六十里富順鄉源出古竹溪東下三十里至穀來名西溪又十里至馬邨合雙溪又三十里爲雙港溪○雙溪在縣西北七十里富順鄉一源出會稽界自北墺來一源出諸暨界自呂墺來東流至馬邨與打石溪合

以上三條不入剡溪

朱公河　在縣東北三里本名新河舊時剡溪由西而北環城出艇湖及後水瀑漲溪南徙不由故道隆慶六年邑令朱一柏鳩工自東門外引河迤北入古溪兩岸築隄邑人立石題曰朱公河然盈涸無常萬歷四年邑令譚禮議濬既祀告而以覲行攝縣事王天和治之萬歷七年提學副使喬因阜檄縣濬之復淤清康熙五十九年邑令宋敦重濬今仍淤於

嶀浦　在嶀山下浦以上爲溪下爲江江潮至此返剡溪清淺至此匯爲深淵潛鱗聚焉峭壁數仞上有長官祠紅牆倒映碧水淪漣蓋溪山最勝處也有王翁信故居見藝文志皇甫冉詩

廣利湖　在縣西北二十里孝節鄉又名廣利塘環界三山築壩爲湖周百五十畝水蓄之利渥於居民

三懸潭　在貴門山石壁如劖丹翠萬狀瀑布垂空三潭瀦焉二潭在巖屋中有石棱相界緣壁而入如另闢天地寒氣逼人六月如秋俯視潭水忽起忽平恍有龍神出沒外匯一大潭潭口一石曰拜龍石明太守白玉禱雨於此又下二里有石獅潭巖石五色或如人或如花鳥瀑懸二十丈望若簾垂謂之水簾照以斜日幻成虹影有數石類獅錯蹲巖上因以名焉○三懸潭高似孫品泉第八

山川補遺

龍口巖在四明山懸巖嵌空狀類龍口土人築室其下水從龍口中出落檐前若垂簾然下匯爲潭

獅子巖在蒼巖山南半里許巖踞溪滸狀類獅又西北有石獅抱毬回顧又天竺山石門山並有之

疊石巖在九州山

蓬萊巖在遊謝鄉壁上有蓬萊二字色青筆甚古

仙家岡在縣西七十里剡茶品此爲最

東林嶺在忠節鄉壁立數百丈人用懸度

堂塢嶺在忠節鄉

楊家嶺在縣西七十里峭立如門有石檻石棋枰

太師嶺在永富鄉姚舜明遺蹟

大崑山在太平鄉高數百丈山峽險逼下爲絕壑路窄處不容足架木爲棧無異蜀道

麴石在石舍村後望之如麴故名

彈丸石在謝巖坑謝靈運遺跡

平溪在孝嘉鄉水出金庭山折入下任墠合東林羣壑西注晉溪

西漁溪在桃源鄉匯羅松溪合遙姥東派入南溪

長善溪在永富鄉

柜溪在太平鄉水出東陽溪邊多老柜故名

前巖溪在德政鄉會長橋溪入大江

東湖在清化鄉廣五十餘畝

福勝潭在福泉山潭在石鏄潭口兩石對峙

杜潭在崇信鄉

元仲潭在縣東二十里筮節鄉道光志云舊志作十里仁德鄉誤

巖衕潭在曹家村巖壁立中有衕便行下臨不測

白龍潭在四明山潭水下注成飛瀑數百丈下復注爲潭幽險莫測又有觀音潭三角潭

白蓮龍潭在明覺寺後

石將軍潭在仁村潭深澈中有石突立如勇士

雪潭在上乘寺側

太湖潭在太湖山古稱赤水丹池以其色赤而勺之則清潔有神龍居焉禱之有應

百丈潭在百丈巖下山陰張岱云爲釁院水口萬道飛流至此出谷地多怪石齺齴如鋸齒湍流盤礴𧮫齾其間至山口奔放一瀉百輛有雷輥潮趨之勢

下鹿苑潭在鹿苑寺西水旱投簡潭內劃然有聲俄頃水盡黑電自潭發雨驟至如響

紫巖潭在紫巖山一名三井龍潭高似孫品泉第九

橐潭即五龍潭之一一名浮潭禱雨更靈

桐柏潭在金庭山王妙行投龍處

古蹟

夏

大禹治水畢功處〔嘉泰會稽志〕禹治水畢功於了溪〔乾隆李志〕餘糧山一名了山相傳禹治水功畢餘糧委棄化爲石同治志按了溪餘糧山在縣北五十里詳山川門

周

王子晉吹笙處〔萬曆府志〕白雲洞在縣東七十里與金庭山相近風月之夕山中有聞吹笙者相傳王子晉仙去後主治天台華頂號白雲先生往來金庭之間今山下建白雲祠天旱往禱洞口雲横雨即霖霈

漢

劉阮采藥徑〔府志〕在縣東三十五里劉門山相傳漢劉晨

阮肇采藥至此今山下有劉阮廟

桃源〔剡錄〕在縣南二里舊經曰劉阮入天台遇仙此其居也〔周志〕縣南五里有阮仙翁廟肇故宅也

三國

趙廣信丹井 見山川門小白山趙廣信陽城人魏末渡江來此山詳人物志

楊黄門埭〔水經注〕白鹿山北湖塘上舊有亭吳黄門郎楊哀明居剡宏訓里太守張景數往造焉使開瀆作埭埭之西作亭亭埭皆以楊名同治志按白鹿山即今鹿苑山在縣西六十里

晉

王右軍故宅〔裴通右軍故宅記〕剡中山水奇麗金庭洞天爲最琅琊王羲之家於此書樓墨池舊制猶在南齊褚伯玉於此山置金庭觀正當右軍之家書樓在觀之西北墨池在

殿之東北（周志）義之別業在府而居在嵊縣古志亦謂其子孫在金庭之側

謝車騎舊居（水經注）浦陽江自嶀山東北逕太康湖車騎將軍謝玄田居所在右濱長江左傍連山江曲起樓號桐亭樓山中築三精舍同治志按浦陽江疑湯浦江之誤田居疑舊居之訛又按府志謝車騎宅屬上虞桐亭樓屬嵊考宋書謝靈運傳父祖葬始寧有故宅及墅遂修營別業傍山帶江盡幽居之美始寧今上虞也辨詳山川門車騎山

戴安道故宅（世說）郗超每聞欲高尚隱退者輒爲辦百萬資并爲造立居宇在剡爲戴公起宅甚精整戴始往與所親書曰近至剡如入官舍（夏志）在桃源鄉鄉有戴村村多戴姓者舊志云在剡源鄉今遺阯不可復考（張志）又節孝鄉有別業遺阯今其地稱逵溪

子猷橋　在艇湖山麓見山川門艇湖山及建置志橋渡

訪戴亭　在艇湖山下

許元度故宅　（夏志）在孝嘉鄉東晉許旼爲會稽內史晚居蕭山子詢字元度愛剡中山水之勝遂徙居焉其地名濟度自此始裔孫曰丑者唐末爲秘書郎徙居忠節鄉之東林

阮思曠山居　（阮裕別傳）裕居會稽剡山志存肥遯

帛道猷道場　見山川門五龍山同治志帛作白誤

葛孝先丹甕　見山川門鹿苑山

葛稚川丹井　見山川門太白山又皇覺寺有葛仙釣臺見祠祀志

宋

戴仲若攜酒聽鸝處　（道光志）在北門外一里有碑

齊

謝康樂山居　見山川門石山

褚伯玉太平館　南史　褚伯玉居剡齊高帝勅於剡西白山立太平館居之　剡錄　褚伯玉在東白山立猿嘯亭疏山軒在西白山作齊雲閣詳山川門太白山

梁

梁詔亭　剡錄　梁武帝微時經嵊山與嵊孃爲昏後受齊禪發詔徵之山中有宣詔亭一曰皇書亭據梁史及石氏家譜梁武帝微時經嵊山納石氏令孃爲妃生梁元帝及元帝登位封爲元皇后故有宣詔亭等梁典元皇后嫡裔嗣遷餘姚故梁史誤稱餘姚人

嵊亭　張嵊所生處見山川門嵊山

張忠貞故宅　張志　在桃源鄉　乾隆李志　忠貞世居珏芝里裔孫文彬徙居秀異坊

應天塔　張志　在惠安寺側梁天監二年建明景泰中僧巨元修天啓二年僧法瑞修清順治二年雷震裂一角乾隆李志考證舊志應天塔爲梁天監二年建然塔上舊磚有永明二年永元元年及天監二年大同九年數年號考永明爲齊武帝年號二年爲甲子距梁武帝天監二年癸未有二十年之遠何以建塔時用其磚耶豈基于永明而永元天監大同修而成之後人僅見天監二年磚遂以爲梁時所建亦未可知

唐

秦公緒麗句亭　剡錄　秦系唐天寶間避地剡川作麗句亭郡守改其居曰秦君里乾隆李志考證舊志載麗句亭在秦君里誤矣秦君里隸蕭山戴叔倫贈詩曰北人歸欲盡猶自住蕭山閉戶不曾出詩名滿世間是也

李公垂書堂　夏志　在縣北龍藏寺側李紳少年肄業於此

五代

錢武肅王賦詩處　見山川門嶀山

宋

釋如晦倚吟閣　一名閑閑菴見山川門剡山

戴溪亭　〔夏志〕在縣南二百一十步宋紹興初知縣姜仲開建

姚待制故宅　〔張志〕在永富鄉徽猷閣待制姚舜明居

雪溪居士宅　〔張志〕在靈芝鄉樞密院編修官王銍忤秦檜去職居剡自號雪溪居士

單君範居清堂　〔道光志〕在縣東八十里晦溪單庚金故宅

呂規叔梅墅　〔同治志〕在貴門山疊書巖畔呂棋別業相傳朱子訪規叔於此巖間有朱子書梅墅堆瓊四字墅之西爲訪友橋橋旁石壁有石泉漱玉四字亦朱子書

呂撫使更樓　〔道光志〕在貴門宋紹興間呂祖璟爲淮南安

撫使致仕歸建兩峯對峙架石構樓下爲通衢左更菴樓右

鹿門書院

王龜齡設教處　剡錄　周氏作淵源堂有富學輝聲集彥擢秀恢義五齋又有細論堂蘊秀軒同襟館蘭馨室時永嘉王十朋居師席台溫秀士多從之遊　夏志　在東曦門內

高學士玉峯堂　夏志　在明心寺東麓宋慶元中翰林學士鄮人高文虎建內有秀堂藏書寮雪廬見山川門金波山

曦雪樓　剡錄　在東曦門外舊訪戴驛之南宋嘉定八年知縣史安之建樓之下扁曰剡川一曲

李給事山居　周志　李易由給事中解職卜築剡貴門家焉詳山川門中貴門獨秀山

元

清風亭〔同治志〕在清風嶺宋王烈婦投崖殉節處詳祠祀志王烈婦祠及藝文志碑記

莘疇居士藏書樓〔夏志〕在縣西三十里東湖山布衣張爚建

史子受西豳莊 在剡西相村見藝文志高明記

許時用山居〔道光志〕在東林錦山下今已為墟土人猶號許府基云

明

花光水色樓〔張志〕在金庭香爐峯之麓明宣德十年建

勸農亭〔夏志〕勸農亭有二所一在望仙門外南五里鋪一在通越門外楊公橋邊俱邑人吳叔暘錢楚雍等為知縣許岳英立同治志按王洪記亭建于成化十年許岳英名宦有傳

星峯亭〔張志〕在星子峯古有亭廢明萬歷元年知縣朱一柏建〔道光志〕乾隆三十八年教諭李增率邑士重修

艇湖塔〔張志〕在艇湖山嘉靖二十四年知縣譚潛建明崇禎七年圮知縣方叔壯重建

萬鷄塔〔張志〕在縣東南當巽位依城爲阯高數級明萬歷七年知縣譚禮造二級中止十五年知縣萬民紀嗣成之縣丞吳鷄鳴董其事稱萬鷄重成功也明天啓元年圮

文星臺〔張志〕在拱明門外明萬歷三十四年知縣文典章建未就施三捷嗣成之歷三級而升豎樓於上屹爲剡溪砥柱清順治六年知縣羅大猷修之

天章亭〔張志〕在謝慕山明萬歷三十五年知縣文典章建俗名謝慕亭當縣治之巽位一邑人文所繫今圮〔府志〕清

乾隆二十八年教諭李增率邑士建塔其上仍其名曰天章
塔凡七級

覽封亭　張志　在鹿胎山明萬歷間知縣施三捷建取唐薛
逢詩更覽餘封識嵊州以名

事斯堂　張志　在鹿胎山巔周汝登講學處

杜御史宅　張志　在城西隅御史杜民表居

周侍郎宅　張志　在城西隅工部侍郎周汝登居

喻尚書宅　張志　在城西隅兵部尚書喻安性居

喻孝子愛蘐堂　張志　在城西隅孝子喻祿孫建

王僉事歸詠堂　張志　在臥龍山楊州兵備僉事王心純歸
建

嵊縣志卷一終

嵊縣志卷二

建置志

城池　署廨　倉廒　善堂　都里　市鎮　兵防　兵事　水利　橋渡　茶菴　路亭

郡縣建置屢經沿革舊志列圖於卷首而簡略不氏謂典章制度社稷人民所由重不著其圖則觀者不知所向往然考其纂永清志雖圖城池廨署壇廟廒倉亦僅粗具其規制而已剡縣始於漢在唐曰剡城在梁曰贍宋宣和中始名曰嵊縣其疆域則或割或隸而不易其名其城堞則屢圮屢築而漸移其址而官廨倉儲廢興變置具詳於故牒舊志諸圖猶大略之椎輪爾若夫都里之分合市鎮之興衰郵驛津梁之建築雖今昔殊觀而舊志所載足資稽覽固不必刪繁以求簡也作建置志

城池

縣城不知昉自何代〔剡錄〕漢剡縣城在今縣東北引孔曄〔會稽記〕云縣治在江東吳賀齊爲剡令始移今治〔剡錄〕又云賀齊爲剡長吏斯從爲姦斬之從族黨糾合千餘人攻縣齊開城門擊破之則今城亦齊所創建〔嘉泰志〕剡城在縣西一十五里〔一統志〕剡州城在縣西南一十五里唐武德四年置八年廢〔水經注〕城開東門向江江廣二百餘步自昔耆舊傳縣不得開南門開則有盜賊宋宣和三年縣遭睦寇城圮不守知越州劉述古掃清之命縣令張誠發修城完壁高堞自是寇至不爲害宋曾晉張令修城記會稽縣八剡爲清勝承平日久橫目習治庚子之冬睦寇狂勃剡寇應之縣有城壘圮弗克守爲賊巢穴明年春劉公述古統制一道掃清賊黨謂令張誠發庀徒虔事課工督程出緡粟以傭役甫閱旬朝完壁高堞城之環亘十有二里未幾寇率其徒擁梯壁下仰視完壯失氣奪色將兵出鋭掩之俘馘自是竄伏孽不熾焉侯智宏遠知所先務借不急此孰與民保時績維茂磨石無愧慶元初溪流湍悍城存纔二三尺知縣

葉甄夏志作甄道光李志作範今本周志並按歷代職官志俱作甄累石爲堤百餘丈城賴以全後二年水決東渡城壞提舉常平李大維通志作天性郡志作大性增築明年秋大水城復壞知縣周悦增築一百二十餘丈元制禁民無完城城日圮近東者強半僦爲民居僅存五門東曰東曦一名迎春南曰望仙西曰西城一名繼錦北曰通越西南間曰化龍明洪武初信國公湯和毀嵊城移甎石築臨山衛城由是城益無餘堤亦就壞宏治甲寅知縣臧鳳以承平久城雖可緩然水害急不可無堤於是計築堤之費請於藩臬借府帑羨餘及徵於民以築之高三仞廣如之袤二百四十五丈邑人稱爲臧堤亦曰臧圩岸明李閔臧圩岸記嵊城北據山東西南皆環剡水水嚙城下路漸侵及城居者行者兩病之宏治壬子曲阜臧侯以名進士來尹嵊之明年疏請藩臬得府帑羨餘銀三百兩不足則捐俸以繼之而邑人富者資貧者力無不樂爲襄事於是諏日興工遠近提筐荷鍤而來者不絕於道閱月堤成而狂流悍湍不復嚙我峻防矣邑人將勒石紀功而請於余余曰昔東坡

爲杭守築堤西湖民以蘇公名之謝安築堤新城民以十一年召公況之皆示不忘也嵊民之請亦此意耳因書以志水勢汎濫堤之潰者又數百尺知縣徐恂以鍰金三百五十餘兩築護堤七尺許堤以永固嘉靖三十四年倭患作知縣吳三畏力請築縣城尋其故址臨溪跨山築高二丈有奇厚一丈有奇周圍共一千三百丈有奇內外俱甃以石一統志嵊城周七里有奇爲門四東曰拱明西曰來白南曰應台北曰望越門外有甕城門上各有樓顏其樓東曰凝翠南曰可遠西曰長清北曰迴峯東北閒有陡門陡門上有亭顏曰溪山襟帶北門右有瞻宿亭一稱四山閣東門右有亭曰騰蛟西門左有亭曰起鳳爲儆鋪萬歷府志作窩鋪二十四所敵臺四所城內有餘城六尺餘城內有馬路六尺城外路與內稱是年倭寇兩臨邑境民恃無恐明王鐵吳令築城碑記世宗皇帝二十有九載海氛爲孽倭奴忽飈至蜮射構禍於浙東黃巖萬室爲燼甲寅歲再陷天台海上羽檄無已時知縣吳侯

歎曰是可坐受無城之困乎歲乙卯乃請於上官相基度費稽版籍凡五十餘丁築城一丈計爲丈者九百有奇因舊爲址繞山帶溪工始九月凡四閱月告竣東西南北四門明年請布政司五百金成之東陡門北四山閣則取諸罰鍰漸成之方築城甫半倭奴自台突入嵊黃泥橋夜遣諜來五里鋪覘視望城上燈燎晃耀呼譟之聲動地遂並引出浦口胥遁迨城工未畢止二版倭奴又自台流嵊侯日夜督民兵分城哨守倭奴用是遁逃夫城工雖未完而有險可據侯故得以殫力警守而保完億萬生靈使侯不早計而急圖是役則兩番寇至嵊能免於黃巖天台之難否耶侯之有功於嵊大矣周别駕夢秀云吳侯經始時钁故址得一甎識云漢乙卯歲剡長吳某記夫吳侯築城千五百年之後而與前令姓同其築之歲又同噫亦奇矣　萬歷十二年知縣萬民紀重開化

龍門　周汝登重開化龍門記畧萬歷甲申南城萬侯民紀奉命來令剡祇謁先師因視學宮曰學校爲治務首凡所宜興革吾矢力焉越明年教洽澤流興廢實惟其會司教陳君塾王君汝源趙君棟言於侯曰惟學之前故有門曰化龍以通黌道今湮矣是宜闢敢請侯曰昔啓而今湮曷以士民進曰嵊有城載自吳爲門四方而西南間一是爲五門後城圮而門存嘉靖乙卯吳侯三畏復故城而民力詘議省五門之一曰吾留不盡

以須嗣者乃門塞而名存於今三十年所啓實其時卽啓諸費民自輸不以貽公累侯曰凡令之職孰先作士而利民也昔無而創自我竭公帑不爲厲剏有其舉之而民自子來者乎上其狀於郡大夫報曰可於是採石徵工早夜並作開城建門高若干丈門上搆樓幾楹成之者速甃之者堅往來利而遠近易觀矣孝廉張君希秩輩謂不可無紀以命言於余余維侯闢門爲士士尙思厥門名而自樹以無負侯夫門以龍名龍出則雲流雨集將利益於物諸士登河津而驤首奮翼有以睥土而澤枯乃與茲稱是宜書於是縣丞吳君鶚（鳴克殫乃力以終厥事得備書云）十三年修四山閣天啓七年風雨四山閣可遠樓迴峯樓化龍門樓俱圮崇禎元年知縣方叔壯重建十三年知縣鄧藩錫增修城堞清初五門樓四山閣城堞俱圮順治五年知縣羅大猷重建東北城樓十五年部院李率泰檄府行縣每堞增高五尺知縣郭忱如檄築康熙六年知縣張逢歡重建四山閣九年霪雨西北城壞五十餘丈知縣張逢歡補築典史毛鼎鉉董其事後漸圮雍正間知縣宋斅議按甲修築不果（乾隆李志）乾隆三十二年知縣莊有儀領帑重修

李府志　道光八年知縣李式圃重修通越門城樓道光李志　道光二十二年城多坍損知縣楊召勸合闔邑捐資重修城鄉紳富董其事二十三年南城樓燬紳董捐建咸豐十年重修城堞十一年洪楊潰軍陷城五門城樓盡燬同治八年知縣嚴思忠合合邑捐建九年知縣陳仲麟勸合續捐幷修城堞十年告成同治志

署廨

縣治　在剡山南鹿胎山之麓嘉靖浙江通志舊治在江東孫吳時縣長賀齊始徙今所因高爲址歷級而升剡錄云樓觀聳峙頗似會稽府譙宋政和間建迎薰堂一名德星東園四山閣後爲令廨有門有廳有寢嘉定八年知縣史安之撤舊而更之即廳之東爲堂復舊迎薰之名又建霞書堂其北爲面山堂又建詔旨亭頒春亭二亭址在今大門外元至大間達魯花赤高閏建東廳至正初尹仇治於治廳後建燕思堂至正二十年盡燬於兵明洪武三年主簿張道明建廳廨天順中復燬知縣王琦建未備成化宏治正德間知縣李春許岳英劉清臧鳳徐恂縣丞帥玠方玭相繼營葺中爲治廳顏曰牧愛堂萬歷間知縣萬民紀更曰節愛知縣王志遠又更曰親民清順治四年圮六年知縣羅

大猷重建後圮雍正九年知縣傅珏重建顏曰日新乾隆李志傅珏記略縣治舊有堂曰德星一名迎薰復名牧愛又曰親民自宋迄明興廢不一至順治六年重建迄今八十餘載風雨飄搖悉爲頹垣廢址矣雍正九年秋蒙宫保李制府委署茲土諭以縣堂乃觀瞻攸係邑有罰鍰堪充修築當亟圖之余遵諭通詳鳩工飭材中爲治廳三間東西側屋兩間二堂五間川堂三間宅門一間兩廊十四間儀門五間外爲大門五間上懸鐘鼓周圍繚以高垣以及内署之圮者葺之傾者修之制雖由舊而規模殊改觀焉興工於九年十二月望後之七日告竣於十年八月望後之二日統計所需不下千金除動用充公銀七百九十八兩外則捐養廉以繼之落成之日顏堂曰日新亦冀作民之新以懋乃政事而勤維新之治也乾隆六十年知縣周鎬嘉慶十九年知縣方秉道光八年知縣李式圃迭修道光二十一年知縣楊召復修顏堂曰問心明弘治十一年知縣徐恂於燕思堂後建儆齋羅玘有志載藝文正德十八年知縣林誠通重建燕思堂嘉靖天啓間知縣林森縣丞江子循重脩張志嗣後圮葺不一改名花廳清同治八年

知縣嚴思忠重建東有隙地同治六年知縣全有建書房三楹同治　治廳東爲幕廳弘治二年知縣夏完建後圮康熙六年知縣張逢歡重建爲里民輸納之所幕廳北爲册庫南爲吏廊治廳西爲龍亭亦張逢歡重建龍亭北爲銀庫南爲吏廊兩廊皆明成化間李春建自崇禎暨清順治康熙間知縣方叔壯羅大猷焦恆馨次第修葺後俱圮雍正間傅珏建復兩廊治廳前爲甬道元仇治築甬道中爲戒石亭明洪武九年知縣高孜奉制建亭南爲儀門李志乾隆儀門西爲鹽房乾隆四十八年知縣陳純士建李志道光儀門東爲大門門上爲譙樓元至正四年尹冷瓚重建天台應奉翰林楊敬德記畧至正甲申膠東冷侯瓚來涖茲邑侯由儒科興廉勤宅心人民化服鳴琴裕如也度民可使矣乃與僚佐議葺新廳大修學校顧譙樓之址鞠爲茂草鼓角寓他所垂四十年比邑父老而計之咸願助資給用侯從之市材深谷經始於至正四年十有二月落成於明年八月爲樓横八楹縱十二楹旁舍翼然宏壯如昔徙鼓角其上以時興息深

得古人申教防微之意云二十年燬明洪武三十一年知縣江灤重建復燬嘉靖天啓間知縣林森縣丞江子循重建後圮清康熙雍正間知縣焦恆馨傅珏重建門內稍東爲土地祠有戲臺康熙九年知縣張逢歡縣丞胡玒典史毛鼎鉉及胥役捐資重建後燬傅珏重建乾隆李志後圮道光二十一年胥吏集資重建同治二年又重修同治志大門東爲賓賢館舊名寅賓館即舊典史廨遺址明萬歷間知縣施三捷建崇禎十六年知縣蔣時秀修後圮清康熙三年知縣劉廸穀建樓於舊址樓上祀文昌星樓下爲館乾隆李志嘉慶七年道光二十年重修大門北爲三郎廟同治志治舊有垣明弘治九年溫賊壞垣剽庫十一年徐恂修築厚六尺高一丈二尺周圍一百三十丈五尺乾隆李志大門南爲照牆路分東西階出入嘉慶六年知縣蕭馥馨建道光李志道光五年闔邑重建二十九

年闔邑重修志同治

舊丞廨　在縣署東南七十步清紀坊有日哦軒宋嘉定八年知縣史安之徙縣廨東元末燬明洪武間建復燬弘治間知縣徐恂縣丞王謨重建後圮萬歷十四年縣丞吳鶚鳴建半間堂清嘯臺清康熙二年縣丞門有年建東軒三十九年縣丞裁廨圮五十九年知縣宋敩於毗連廳署空址建東書廳廳後又建平屋三間乾隆李志同治元年圮同治志東側建亭顏曰來碧復名清妙雍正十一年知縣王以曜重建顏曰稼雨堂乾隆李志乾隆四十二年知縣吳士瑛復改建名挹翠軒道光李志其北爲土地祠同治志

典史廨　在縣廨西本主簿廨也舊在縣西三十步鹿胎山頂有朔風堂宋嘉定八年知縣史安之徙今所元末燬明洪武間建復燬弘治間主簿周嗣祖重建後軒三楹知縣徐恂主簿沈蘭

復葺之有門有廳有寢萬歷三十六年主簿裁改作典史廨清雍正十一年典史王大德重建正廳儀門廨舍并增置東西廂房乾隆李志廨西增置宜秋館道光李志咸豐間盡圮同治五年知縣潘玉璿典史李承湛詳請動支及本邑捐欵重建正廳三間甬道一間二堂三間後寢五間東西廂房十六間正堂外廊屋二間儀門一間周圍俱繚以垣同治志

舊典史廨　在縣署東南一百步舊丞廨東宋乾道間尉謝深甫建吏隱軒元至正十一年徙縣南仙桂坊明徙縣署内丞廨前弘治間知縣徐恂典史蔣進重建萬歷三十六年徙居主簿廨遂廢乾隆李志下同

舊布政分司　在縣署南一百一十五步折而東五步舊稱旬宣坊係三皇堂故址明成化間知縣許岳英重建後燬清乾隆六年改爲惠獻

貝子王祠旋圮

舊按察分司　在布政分司東明知縣許岳英建後燬知縣劉清重建後廢清光緒間改建繭業公所新纂

舊候謁館　在布按二司之間明萬歷六年知縣譚禮建後廢爲兵部尚書喻安性祠後圮清光緒間重建糧席公所設祠内新纂

府館　在喻公祠前二十餘步成化間知縣許岳英從秀異坊徙建於兹後燬知縣劉清譚禮重建今廢乾隆李志

代驛館　在望台門外爲駐節亭一名敬亭明嘉靖間廢萬歷五年知縣譚禮重建十二年邑士民肖巡撫蕭廩巡按龐尚鵬知縣林森朱一柏像於館内今廢周志

公館郡志作勞勞亭　在縣北六十里三界明宏治間知縣徐恂建萬歷十四年知縣萬民紀縣丞吳鶚鳴重修乾隆李志後圮康熙九年知

縣張逢歡典史毛鼎鉉重修改作營房後圮乾隆五十二年其址建爲新岳廟同治志

申明亭　在縣署大門外西首即頒春亭遺址明洪武八年建尋燬弘治崇禎間知縣臧鳳方叔壯葺後圮張志乾隆李志　申明亭共五十三所在城三在鄉五十

旌善亭　在縣署大門外東首即詔旨亭遺址明洪武八年建尋燬弘治崇禎間知縣臧鳳方叔壯葺後圮張志　顧炎武日知錄洪武中天下邑里皆置申明旌善二亭民有善惡則書之以示勸懲凡戶婚田土鬬毆常事里老於此剖決不由里老處分而徑訴縣官者謂之越訴景泰四年詔書猶曰民有怠惰不務生理者許里老依教民榜例懲治

總鋪　在旌善亭南有門有廳有屋繚以垣康熙九年燬知縣張逢歡重建

監獄　在申明亭南明成化丙申洪水衝垣囚多壓死知縣許岳

英暫移禁於儀門西二十一年署篆事餘姚縣丞李實修建增廳三間屋九間補砌繚垣東西廣十二丈二尺南北袤十六丈二尺清雍正八年知縣王以曜捐造五間九年知縣傅珏又動支添建五間乾隆李志同治元年圮知縣周祖升罰鍰重修同治志

挂榜亭　鋪獄前皆有挂榜亭舊在儀門東明萬歷間知縣施三捷移建今所東西各三間崇禎間圮清康熙九年知縣張逢歡重建後燬廢雍正九年知縣傅珏修葺乾隆李志下同

勸農亭　一在縣南五里鋪一在縣北楊公橋側成化九年邑民吴叔陽錢楚雄等爲知縣許岳英建

迎恩亭　在北外里許爲接詔赦之所

陰陽學　明洪武十五年設今廢

醫學　在縣署前三十步街之西明洪武十五年設成化中知縣

許岳英重建知縣劉清復遷街東以故公館舊址易民居爲之後圯嘉靖間知縣林森重建於城隍廟右後圯崇禎間以遺址前作關帝祠後作天妃祠今廢

惠民藥局　在府館左後圯清康熙六年疫知縣張建勸延醫施藥就寅賓館爲藥局

僧會司　在實性寺夏志後在惠安寺乾隆李志下同

道會司　在桃源觀

稅課司　在縣東南一百五十步明宣德間除即布政分司址弘治間重置在縣北六十里三界知縣徐恂建隆慶間除

鹽酒稅廨　在縣東南二百步今廢

稅務酒務　在縣南今廢

鎮守司　在東曦門外後廢清同治七年合邑捐建於縣署之西

十年改建於忠孝祠右

習藝所警察局附　清光緒三十年知縣丁艮翰於惠獻貝子王祠故址建堂室若干楹東設罪犯習藝所西設警察局邑紳張崇簡喻忠國監造新纂

倉廒

預備倉　在城隍廟左又名城隍倉東西北三面有廒東十間西十間北四間明宏治間圮知縣徐恂重建崇禎十六年知縣蔣時秀改北廒爲正廒每年額存經費役銀四十兩清雍正七年間知縣黃道中重修更名廣仁倉乾隆二年知縣張彥珩以逼近山麓山水灌注易致紅朽捐資改建育嬰堂另建二間於永濟倉側又建四間於常平倉側以補廣仁倉之額李志下同

濟留倉　在西吏廊南今廢

便民倉有二　一在縣北五十五都三界師字十六號今圮一在縣西養濟院右知縣萬民紀縣丞吳鶚鳴重修有官廳三間後堂一間門樓三間東西廒三十二間周圍墻凡七十六丈今圮明余成便民倉紀略縣治之西出繼錦門外半里許有便民倉乃弘治儲積所也先是厥規卑隘凡糧里之出納於茲者往往病其

淺陋爲盜跖所窺迨弘治戊午歲嘉定徐君信夫來令是邑始下車卽以興廢補滯爲已責縣治學校壇社以次修舉一日詣倉者民王熙仲陳艮請曰倉之狹隘其患不可勝言願吾侯作新之侯許焉爰相土聚材規畫營辦悉自侯出而仲暨艮亦樂襄厥成故倉用以完而賦弗奪於邑爲屋三間中爲公廳後闢山趾構軒一間爲退食所匝洞以窗垣屏以墻而高倍於昔廣稱之蓋視舊規而開拓之其外爲大門門之上爲更樓令值更其上以杜窺伺是又舊制所未備也肇事於弘治庚申歲三月畢於十一月余偕寮友林君世瑞周君依往落成焉適德州守邑人周君山鄉進士夏君雷又繼至侯因命壺觴相與竟時而退徐君之涖茲邑也凡所設施布置悉自其所蘊蓄者發之以故甫三載而政務興舉市井無豪横之侵隴畝皆就業之農官司無停滯之徵侯之所以治嵊者其槩如此是大可書也

義倉一名社倉凡四　一在縣東六都浦口官廳一間東西北廒各三間門樓一間繚以垣一在縣西四十六都兩頭門官廳三間東西廒各三間門樓一間繚以垣一在縣南一都阮廟官廳三間南西廒各三間門樓一間繚以垣一在縣西北二十九都西清官廳三間南廒三間西廒二間門樓一間繚以垣俱明正

統間知縣單宇建弘治間知縣徐恂修崇禎間縣丞周士達重修今俱圮邑人張冑記略洪武時詔天下立預備倉饑則散豐則歛此卽周官遺人之遺意恩至渥也嵊爲倉凡四歷歲滋久宇圮穀亦弗積稍遇水旱民無所賴今天子重念斯民特命藩臬重臣布政司方公巡行屬邑而總理之郡守羅公專董其事邑宰單侯奉行惟謹乃勸募於富民得穀若干石建四倉於故處地之狹者購於民而廣之每倉爲屋若干楹材木惟良瓴甓惟堅外設重門繚以崇垣規制精壯締構完好其於防守區畫尤加意焉夫天災流行何代無之亦在夫備禦有具而長民者之得人耳聖天子養民之心非藩郡之臣能體上意賢侯奉行之至烏能臻是哉冑故樂爲之記

常平倉二　一在丞廨前舊典史廨址東清康熙七年知縣張逢歡建縣丞胡玨董其事一在縣署頭門內土地祠北側屋五間雍正六年知縣李之果詳請動建又四間知縣張彥珩補建以足廣仁倉之額乾隆李志同治元年圮同治志下同

永濟倉　在縣署儀門西側公廨基內地十三間雍正七年知縣黃道中詳請動建又二間亦知縣張彥珩補建乾隆李志同治元年

盡圮

永豐倉　在公廨內永濟倉後屋十二間雍正八年知縣王以曜詳請動建十一間其一間則捐俸添設乾隆李志同治元年圮

米倉　在縣署北一十步宋時設今廢周志

縣前古倉　按道光同治等志皆不載此倉據剡錄舊有廩在西山頭嘉定八年邑令史安之移置縣前今縣署照墻前東偏有故倉蓋即此也新纂

善堂

養濟院　在來白門西明成化間知縣李春許岳英徐恂相繼增葺正廳三楹匾曰施仁後圮有住房十一間有門繚以垣直長三十一丈橫一十丈清乾隆五年知縣李以炎增建廂房十間分男女居住乾隆李志同治元年盡圮知縣潘玉濬用罰鍰建正廳三楹門欄三楹廂房兩間四圍俱繚以垣八年知縣嚴思忠以罰鍰建廂房四間同治志　明訓導林世瑞重建養濟院記略

國家設官分職惟以爲民而已於民之顛連無告者尤加惠焉詔州邑各立養濟院俾有司時賚予而賙給之月有米歲有布絮使皆有生意此文王惠鮮鰥寡之盛心也嵊邑養濟院天順間李侯春搬於今所西門外便民倉左凡爲屋十一間成化間許侯岳英修葺之經今歲久垣頹屋敗或潛空廒而宿或倚倉簷而居不惟民不聊生抑無賴者藉以生奸矣弘治戊午夏徐侯恂尹茲土下車之初首新學校繼卽致意於斯擇公正者老王希明等董役相基狹隘置買民地一區擴而大之總前袤三百一十尺廣捐袤之二新建正廳三間匾曰施仁侯嘗躬詣存恤復增住屋九間其舊屋十一間易朽以堅更腐以良拗斜以正與凡漏者敗者門戶不完者煥然一新周

圍繚以垣墻外具門樓一間凡木石磚瓦工食之費悉侯自處置而貧民棲息裕如也肇工於弘治庚申歲五月而畢於是歲八月耆老與斯民無告者詣予曰吾人無依者侯月給米以食我歲給布絮夏復加布以衣我葺舊廬復買地增屋以居我侯之仁如此敢請一言紀侯功德嗚呼侯誠可謂能體國家愛民之心而知所先者矣詩曰豈弟君子民之父母侯其有焉 光緒二十五年知縣畢奎重修 新纂下同

公濟局 在西後街以施棺埋葬創於清嘉慶乙卯年宋仁華記略邑中施棺之舉所在多有大率以一二百具而止故往往不繼城西隅公濟局創始於嘉慶乙卯年糾百願集棺百具每願不過一人而司會計者齊君邦泰吳君紹祖主守藏者丁君國清三人同心協力矢慎矢忠遠近聞者莫不鼓舞胥勸不及朞而有一人二願者焉有三願者焉有四願五願者焉向風慕義接踵繼至嗚呼人之好義誰不如我豈有謬哉今九年矣除支用外得羨餘若干金共置田二十六畝有奇藉其所入而以時取給其費杜侵漁也買西關外高壤一區埋胔掩骼並於城中西後街創造平屋三間以爲貯棺之所顏曰公濟局 下略 光緒間添置水龍一具

保嬰局 舊有育嬰堂在城隍廟左清乾隆二一年知縣張彥珩以

廣仁倉即預備倉改葺旋廢按育嬰堂自順治初益都相國奏開於崇文門外後宛平相國復繼之其式遂頒於天下見毛奇齡育嬰堂碑記雍正二年奉上諭飭天下同廣育棄嬰嵊邑設而復廢宜有以振興之也道光李志同治間羅高春等爲保嬰會設局北關繡衣坊下光緒間徐仲範慨捐後官房今稱保嬰局衙基地始捐建廳堂廊廡丁謙記略歲辛未予自京師歸始交羅君高春君好善事約予與袁君翼庭沈君懋卿裘君亦樵李君又青等爲保嬰會會以錢五緡爲願人一願至數願數十願視其便互相糾率不一月集款五百緡有奇因設局北關繡衣坊下同人皆矢潔清煙茗外不以一錢供浮費此嬰局權輿之所自初不敢謂其事之必有成也會曉人喻君館邑東聞其事大喜不謀於衆徑造各紳富勸輸助驟捐田八十餘畝錢數百緡於是嬰局之基址以立時邑侯陳公仲麟又力爲主持由是定經制設月報申詳各大憲以立案自此局制日擴局中收養嬰孺亦日多而歲入之數終不足以資周轉諸同事家半寒素無可籌措於是議店捐議茶捐議繭捐議絲捐議紙捐議米捐極意經營然不過暫濟眉急莫能恃以爲常至給費時每有不足皆羅君一人爲之籌墊積欠甚鉅初無一語推辭至君卒二子振聲振祥復奉母命繼其志烏虖亦難能矣至艱辛備歷衆志漸孚得張心田明府重金遙寄始有建局之資得徐仲範觀

察基址慨捐始有立局之地得歷任邑侯公款之撥及濮幼笙司馬藹捐之籌局用始稍稍敷裕無朝不及夕憂蓋自立局以來二十餘年至於今日僅僅焉有可以自立之勢然已非始願所敢及也今年秋九月嬰局之大堂落成諸同人議凡捐田地及銀錢者皆題名而勒之石并屬予記立局之始末如此初嬰局既立衆推一人主持其事以專責成於是曉人喻君綜局務者凡十年君卒蒓甫裘君繼之蔚齋喻君又繼之今主局者呂君越嶠也謹並誌之光緒二十二年

清節堂　在後官房保嬰局之西清光緒間徐仲範創建蔡元培碑記載藝文志

養老堂　在西後街清光緒間金昌運創建俞樾碑記載藝文志

因利局　附設保嬰局清光緒二十九年宋景祁等二十餘人集資創辦並買田四畝零

都里

在城曰隅在鄉曰都嵊舊領鄉四十梁析十三鄉爲新昌縣縣東鄙舊有五山彩煙豐樂善政新昌安仁守義永壽石順昌化象明遵德石城共十三鄉梁開平時析置新昌縣明成化八年割會稽縣二鄉以附今爲德政東土二鄉實領鄉二十九爲隅二東隅西隅爲都五十一嵊舊缺二十七都不知何謂又有連數都爲一都者故次都至五十六而實五十一爲圖七十七里中應役隅曰坊長都曰里長隅所領圖等而都所領多寡不一保甲賦役皆出其中俞府志唐十道圖縣各有鄉有里然其興廢因革亦靡得記焉宋熙寧三年行保甲法始置都領於鄉改里曰保領於都元豐八年廢都保復置附治地爲坊其郭外仍以鄉統里已又分府城內爲五廂仍領坊元改廂爲隅縣各置隅鄉爲都里爲圖俱以一二次

城東隅　領坊十五字民清紀成俗淳化舊名遷善齊禮聯桂舊名通安益詠舊名進德嘉會豐義醴泉仁德桃源絃歌棲鸞舊名迎春訪仙舊志作訪戴

領圖三東一　東二　東三

城西隅　領坊十秀異集賢化龍舊志作化民繼孝兆慶繼錦科貢舊名妙音以西門周氏改今名招提清和仙桂領圖三西一　西二　西三

方山鄉　在縣南五里第一都領圖一領里五全節永壽懷仁通山麗德舊志作光德領莊十七王連市　五里鋪　章邨衕　馬鞍嶴　黃塘沿　貼水橋　周塘沿

三板橋　小山頭　阮廟　廟後　畈塍　上

楊　愛湖頭　缸窰山根　曹家　張家田頭

仁德鄉　在縣東三里第二都領圖一領里五甘棠永樂餘糧歸仁金塘領莊十四石板頭　黃塘橋　下陳　中渡　下東渡垙塘等　大塘頭　下任　下楊　仙人

坑　卜家　朱家笆衕藕塘邊　花園地

康樂鄉　在縣東十里第三都第四都領圖一領里五遊謝宿剡竹山康樂感化領莊四十蔣家埠　何家邨　下林　墩頭王賢宅　艇湖　笠山　山前　朱

家墺　吳家樓下　楊柳塘　柿樹頭　蔣家衕　東塘青

官塘　前山坂　過港　葉墺　小溪　沙田　丁家山　閘

水　王广春　羊角溪　橋石頭　梅坑　大山　墺底　水
堆頭　周家　平坑　雙橋　石屏　紫竹篷　高山　何邨
八广　謝家
姚家　上浦

崇信鄉　在縣東十五里第五第六第七都領圖四領里五休祥甘泉竹山懷安剡中領莊三十六大屋　珠溪　招邨　上林
杜潭　西山　李家洋
上屋　版坑　深岗地　楊樹坑　浦口　茹家邨　鐵店
沇家墈　湛頭　東坂莊　竹家山　拖塍　上下新建　上
江　溪下　前化　高俞　無底井　廟裏張　湖頭橋　坂
田　王山頭　棠溪　后仁　花田　大菱塘　盤龍　青巖
潭　上
莊坳

筮節鄉筮本作莁　在縣東二十里第八九十都領圖二領里五灌濤昇仙駠翟思善澄江領莊四十五東郭　上下蕩頭　王明塘
前周　艮邨　青石橋　上塘
下唐　葉家　塘頭　望婆灣　沙地　相樹塘　後丁
朱塢山　湖頭　後棗園　逆廻尖　胡宅　張家　周家坂
官地　石橋　湖塘沿　趙家　培邨　山王　王萬莊
丫义坑　下楊棚　江家　長屋基　方家　白坭墈　大塘

頭 張家田 唐家墺 爛田灣 王澤 曹家洋
櫸樹下 花園地 陶家 裏外花鈿 墺口

靈山鄉 在縣東三十里第十一二都領圖一領里五欽義下闌
靖安守義崇孝領莊二十二 許宅 下周 [illegible]車 官園 白塘 東山王 橫路 大坑 凹
青 坑邊 坑西 苧坑 漁溪 石盤 東崗頭
廟裏 大洋 地衙 求家 長坂田 溪頭 錢家

金庭鄉 在縣東五十里第十三第十四都領圖二領里五昌化
善政惟新永寧歸德領莊十四 晉溪 後山 柿樹頭 下任 歡潭 馬家塘 華堂 柏
樹頭 巖頭 覲下 上塢
念石 濟渡 陳公嶺脚

孝嘉鄉 在縣東五十里第十五都領圖一領里五石鼓桐柏安
樂忠節安義領莊十三 靈鵝 官地 蔡家 櫃樹灣 高峯 嶺塘 洩下 東蘭 嶺下 日坑
任塢 沙
地 山前

忠節鄉 在縣東七十五里第十六第十七都領圖三領里五三

峯孝嘉石鼓忠節修仁領莊四十四㘭頭 土塊 小柏 水口 東林 張婆塢 堂
塢 橋下 孫溪塢 董家莊 巖匡頭 下董塢 門古
潘家山 馬家塘 董塢岡 干濟 大約 小約 山塊
北莊 青山頭 上广坂 唐田 唐溪 晦溪 石門 敏
坑 葛竹 湖潭 白坑口 盧田 董家广 張家青 箬
坑 應家山 翁大坑 陳大坑 裏外東坑
溪西 吳家灣 松溪 俞家坑 岡竹山

遊謝鄉 在縣東北三十里第十八第十九二十都領圖五領里
五康樂明登宿星暝投吹臺領莊七十五張墺 鮑家 盛溪 仁邨 石舍 上
塘 烏坑 前崗 車衙 沙坂 上店 胡家墺 社壇
山頭宅 楊家宅 何邨 陶邨 莊田 金茅灣 沙塘灣
溪后 屠家埠 山根 窔家山 鄭家墺 大杉樹 紫
竹蔴 東鮑 下洋 埠頭 下王 溪西 曹家 田里 下
塘墺 馬坑 裏坂 沙園 南山堂 油車岡 施家爿
風火崗 漩水灣 張墅 大灣 碑山 後朝 白巖 塘
坵 培向 強口 广坑 上朱 巖頭 謝巖 仙巖 西
鮑 後張 禹溪 後王 石頭堆 冷飯岡 山頭等 紡
車坵 獅巖坑 八里洋 櫸樹下 楊家井 八俞 王山
頭 童家 花山 長爿地 白楊樹 外漩 挂壁銅鑼

靈芝鄉　在縣北五十里第二十一第二十二都領圖二領里四
石牀東節正銙化善領莊四十三王沙　櫧樹　姚墺　棗樹
灣　沈家灣　石山頭　水
閣塘　康坂　官莊　裏外大山　涅溪　方山　謝家　祝
墺　陸邨　南墺　外墺　大王　箬嶺　唐墺　獨山　陸
家溪　嶀浦橋　馬墺　李家浦　王家書墺　傅家山　木
瓜橋　楊家　胡邨　疊石　白沙　盛墺　李墺　周墺
鄭家　箭墺　大坂　二十二都舊志　石坑　沈墺
金邨　老屋基　有嶀大山今廢　彄牛塘

崇仁鄉　在縣西北三十里第二十三第二十四都領圖二領里
五感化霞邱靖林歸善愛敬領莊二十一　崇仁上　上下安田
中安田　官莊
上江村　下江村　溪灘　鞘口　烏石衙　淡竹　應桂巖
下應　秀才灣　長郎崗　楊仁橋　卞家　石門　嶺頭
山　太婆灣　馬家田　黃巖下　道光志舊有湖下其地實
坐四十七都一圖今改名湖隳撥入桃源鄉　又有塘頭其莊
已載積善鄉內因重出除
之　應桂巖舊名應家巖

孝節鄉　在縣西二十里第二十五第二十六都領圖二領里五

新豐崇化招安綏安方山領莊三十七逵溪 宋家墩 胡邨橋 董郎岡 地下菴
牀岡 泥塘 上王 方田山 王家广 來嶺 橫岡 龍
舌頭 白花 木馬茭 廣利塘 花田坂 畚箕灣 馬仁
邨 下馬 新官橋 馬家坑 裘巖 橫墻衕 後岸 趙
溪 趙馬 西山頭 大洋 巖下 仰當灣 楊家 李家
宅 半山 青坑
上楊 三棗樹下

永富鄉 在縣西北二十五里第二十八第二十九都領圖二領
里五克遜李志作東遊誤今據剡錄及周志改正西清東闌餘風禪房領莊十三
張家 宅前 三畝頭 上相 下相 坑口 林家 張邨
淡山 崇仁中 十畝嶺下 李家橋 東崗頭 道光志
舊有西鄭其地實坐三
十一都今撥入富順鄉

富順鄉 在縣西北三十五里第三十第三十一第三十二都領
圖四領里四長敬新安溫泉慈烏領莊五十四富順 錢邨福坑口 下相
金貂嶺下 西青 安家 楓田嶺 潭石 楡林嶺 相
平 鄭墺 山王 洩雅 黃箭嶺下 官園古鎮 湖頂山

九里斜　護國嶺　林盛　下東山　石倉　磡頭　穀來
白洋湖　上陳　和尚田　和尚菴　溪頭　城後　馬邨
舉坑　卞家山　同坑灣　横路坑　箭潭　西洋坑　呂
墺　高脚峯　下坂　北墺　小洋坑　榆樹　桃嶺　袁家
嶺　小崑　小夏　雙溪　泥牆裏　白
木嶺　烏尖　乾竹山　青童嶺　西鄭

崇安鄉　在縣西四十里第三十三第三十四都領圖三領里五
澄清懷善依賢化俗清安領莊五十　崇仁下　王家寺　金沙
黌院　下院　三溪
山下　戴溪　王東山　坂頭　南山　水門口　流沙　米
塢　上培　石山屏　培坑　高山　半程　年家山　鄭塢
坑　鑱箭塢　苦竹溪　楊坑　硤石　上朝　梅溪　葛邨
徐家培　長坑　焦坑　下王　紫巖　上周　范油車
樓家　下相　溪西　蔡墅　丁家　黄家　何家　下路頭
重疊嶺下　溪口　下郭　陸家　箭坑　宣家岡　定林
寺

羅松鄉　在縣西四十里第三十五第三十六都領圖二領里五
紫巖雙壁中川斷金豐樂領莊二十五　沈邨　石璜　前後白
竹　朱村　合輿　星

堂　下方山　羅松　相家亭　黃泥塘　袁家　前家坑
張家山　下張　趙宅　下陳　孔邨　渭沙　馮家潭　陸
家　新涯　趙家　堰
底　溪頭　大仁寺

剡源鄉剡錄源作元　在縣西五十六十七十里不等第三十七都領圖
二領里五尊賢詹成中和光明崇善領莊三十六　郯城　下王　金邨　半
爿樓　棗園　荷花塘　周邨坂　黃杜嶺下　白朮園　市
西園　花園岡　杜塘　苦竹　山口　董邨　巖頭　璠田
上下獸坑　高塘　茶坊　長埡田　岡下　東坑　嶺下
道場　吳家灣　松明培　董家坑　冷塢　樓羅山　白
雁坑　分水岡　紫竹　茶
培　上下鹿苑寺　白雁山

太平鄉　在縣西七十里第三十八第三十九都領圖三領里五
碧潭擇賢懷仁建昌懷信領莊三十九　高𡺸頭　屋基　石磜　崑溪　黃家宅　下
防山　王金叢　橫店　石下洋　上下南莊　前安　大崑
石刺嶺　高地塔　卞坑　東園　橋頭　周莊　胡雙
板宅　栗樹坑　水竹菴　上胡　廳家　安宅　殿口　深
溪　新屋　錠山　下富　下厝　張坑　尚義　上下鄭

前宅　上周　杜
邨　中山　嶺頭

長樂鄉　在縣西南七十里第四十第四十一都領圖二領里五陽明崑山昭仁禮義寧安領莊二十四　金潭　厚仁坂　宅前　尤家邨　橫山　上屠　下屠　杏溪　貴門　下安　白宅墅　後宅　上塢山　塢巖坑　沙坵　上里　長樂　礤前　菱塘　高沙　朱邨　百秤坑
呂墺　梓溪

開元鄉　在縣西南六十里第四十二都領圖二領里五靖居迴鄉招仁居賢冰魚李志作水魚　領莊一十九　開元　官塘頭　西金　棗園　西朱　下英山　小溪灣　沈大灣　石井　高家　珠溪灘　石佛橋
下曹　後田屋　寺塘頭　前王　茹塢　求家山　蓮塘

繼錦鄉　在縣西南三十里第四十三都領圖一領里五馴善攀轅鳴絃戴星李志作戴里　還星領莊二十一　方山　上下沙地　樓下　花橋　鄭莊　後史　水路坂　湖前　湖頭　盧芳　羅村　大田　方口
丁莊　西英　祝村　王由來　張家　湯園　宅根　上王

積善鄉　在縣西南五十里第四十四第四十五都領圖二領里五南巖雙璧豐樂李志作農樂中川斷金領莊二十二　上下西路　上下蔡山灣　前王　陳家　大王廟　王門頭　西景山　大路張　周邨　王家　上朱　葉家　東張　東王　西王　塘頭　宋家　官嶺脚　黃泥山　許邨　上沙坂　上下史園

桃源鄉　在縣西三十里第四十六第四十七都領圖四領里五永闌白泉長樂崇信安居領莊五十三　下倪　下吳　王簹坂　湖頭　中高　上高　王郎地　東王　宋家　仙人橋　紅市橋　梅澗橋　金家沿　沈家　塘下　白泉　吳家田　童家　汪家　尹家　上建安　甘霖鎮　珏芝　官屋基　求家㘭　後愛坂　上莊　上王　下王　下湖　湖嘴頭　上屋　黃勝堂　戚家　前王　倪家渡　姜家　後宅園　上坂楊　下楊　秦家樓　鴨舍坂　下沈　俞家磜　孫邨　高家　新塘　趙家　雅言樓　過邨　上湖蔭　中湖蔭　下湖蔭

清化鄉　在縣西二十五里第四十八第四十九都領圖五領里

五招賢懷善開明欽賢集善領莊三十一　雅堂　張家邨　溪邊　楊橋　魏家橋

東湖塘　祝邨　西吳　王山頭下　查邨　支鑑路　上
下杜山　朱家凹　范村　招龍橋　杜墓頭　前朱　後朱
西金　浦橋　外宅　施家　白泥墩　後潘　江田
葉家畈　郭家車　戚家𥓂　東山頭　祝家　謝家坂

禮義鄉　在縣西南六七十里不等第五十第五十一第五十二都領圖五領里五長安仙林平樂懷忠新安領莊六十八　茅岸　李

家　江下　光明堂　施任　孟愛　西求　金雞山　下張
菴　板頭　西趙　卜家畈　唐家園　東山　利塢　高田
白巖　葉村　西施巖　嶺根　大坵巖　大溪　漢溪
嶸嶺　丁家店　八宿屋　蔣家灣　平頭　上莊　東坑灣
蒼蒲屋　嶺下坑　溪塢　石岱山　西景屏　溪口　董
村　相家嶺　高岸頭　嶺下莊　小岱山　寶溪　蒼巖
長安　湖畓　棗園　殿前　和尚殿　施家墺　大坑　天
興菴　瓜渚　上舍　田東　楊家屋　柿園　盈山　淡竹
園　王家　樓下　風羅佑屏　東陳　西陳
大巖坂　小坑　孟坑　石道地　何家屋

昇平鄉　在縣南五里二十里不等第五十三第五十四都領圖

四領里五承霞靖豐尙賢太和五山領莊五十六南渡　高家　馬路堂
謝墓　南田　笆衕　王家　宊家　袁家　上王　東王
上高家　高邨　黃泥橋　橋裏　茶坊　墩頭　上島　潭
遏　上南田　中南田　燕窠　巖下　和尙山　王秀灘
鄭家　碧溪　上碧溪　藤繞樹下　抱窠　新市　光明堂
江東　演頭　水家橋　趙塽　汭源馬家　下馬　潭頭
小磜　中央宅　姚家橋　高坂　搗臼爿　上馬　上墓
邵家　章家　杜山　車欄門　後王　葉
家　雅致　雅良　半塘　白沙地　大洋

德政鄉　在縣北五十五里第五十五都領圖三領里四大欽赤
石奉化碧紗領莊三十九長橋　寺下　大爿地　千塽　黃　荆山　陳邨　杜家堡　沈塽　溪
灘　打鐵嶺　三界　金家山　楓樹嶺　沈塘　清水塘
蛟藤樹下　前巖　巖家　任家衕　衕堂山　祥隆堂　仁
樹嶺　袁家塘　前塽　茶園頭　大董　西坂菴　新張家
溪頭　蔣岸橋　大塽　張家　裏灣　高道　黃鑑塘
黃獻灣　舊宅
後董　塽底塘

東土鄉　在縣北六七八十里不等第五十六都領圖二領里三

美箭謝公迴潭領莊五十七杜家山 張蔣 外崗山 寺前
袁墺 廟主 溪邊 上王 芝塢 孫墺 西謝 長嶺
椰樹下 沈墺 銀沙 董邨 萬家墺 石碑 橋亭墺 沙
雙溪 喻宅 李黄 官地 韓家 顯潭 舒邨 丁岸
邊 莫墺 溪西 塘裏 橋裏 楊樹嶺 巖潭 塘
坎 陳家園 馬溪 碄頭 王成 李家 下墺 橋外 于
北塔 前山 胡邨橋 錦溪 嶺後 桃花灣 湖等
雙坑口 刀坑 趙墺 齊後 安基灣 太婆灣
牛頭嶺 疊石下

市鎮

城市　在縣城中以直街爲市心萬曆府志舊在招提坊久廢後遷化龍門内復以火廢康熙九年改建縣前望仙門以單日爲市而東西北各街近亦闤闠鱗次貨物蝟集乾隆李志下同

浦口市　在縣東十五里以雙日爲期

北莊市　在縣東六十里舊志作四十五里以三六九日爲期

華堂市　在縣東六十里後廢乾隆李志今復以二五八日爲期同治志

王澤市張志作黄澤　在縣東南三十里嵊新界以單日爲期道光李志

馬衙堂市　在縣南五里以單日爲期同治志

上碧新市　在縣南十五里以四七日爲期乾隆李志

兩頭門市　在縣西南三十里以單日爲期乾隆李志今改雙日市同治志

開元市　在縣西五十五里舊志作五十里以一四七日爲期乾隆李志今改雙日市同治志

太平市　在縣西六十里以二五八日爲期乾隆李志今改雙日市同治志

長樂市　在縣西六十里以三六九日爲期乾隆李志今改單日市同治志

崇仁市　在縣西北三十里舊志作三十五里以單日爲期

石璜市　在縣西北四十里以單日爲期道光李志下同

大王廟市　在縣西南四十里以單日爲期

三界市　在縣北六十里萬曆府志作七十里以二五八日爲期乾隆李志今改單日市同治志下同

蔣岸橋市　在縣北七十里界連會稽以三六九日爲期乾隆李志今

改單日市

雙港溪市　在縣北八十里以一四日爲期

舊有上岡蛟井黄城三市今廢道光李志

剡鎮　在縣東南一百步今廢嘉泰志按嘉泰志云舊經所載如此今遺蹟不可復攷近邑民於縣西南惠安寺前池中得片石題贍都鎮下有文云當鎮奉勅旨重開河道闕池子以防火燭闕己丑之歲二闕日開此淨地闕畢工故記於此漫不可辨李府志

按吳越王錢鏐改剡爲贍有贍都鎮意此石卽五代時物也乾隆李志

浦口鎮　在縣東十五里乾隆李志

蛟井鎮　在縣西一十五里舊志作二十里今廢舊經所載剡石山下有井井中有蛟因是爲名宋宣和四年置嘉泰志

晉溪鎮 在縣東四十五里道光李志

華堂鎮 在縣東六十里乾隆李志

甘霖鎮 在縣西南三十里乾隆李志舊名兩頭門嘉慶初歲旱邑令沈謙往天興潭禱龍回至鎮遇雨更今名同治志

開元鎮 在縣西五十五里舊志作六十里乾隆李志

太平鎮 在縣西六十里道光李志

長樂鎮 在縣西六十里乾隆李志下同舊志作七十里

崇仁鎮 在縣西永富崇仁兩鄉

三界鎮 在縣北六十里舊志作五十五里 隋始寧治初隸會稽明成化間改隸嵊有城隍廟鐘鼓樓皆始寧遺蹟有常平倉便民倉申明亭公館設防守一員兵四十名今併廢

郵鋪

訪戴驛　在縣左訪戴坊宋嘉定八年（道光志作六年今從夏志及剡録）合史安之改建於東曦門外水行用舟陸行用車人以爲得津堠之要焉（夏志）今廢

三界驛　在縣北六十里三界元至元中置設提領一員吏一人防夫十人馬十匹船十隻（夏志）今廢

嵊惟南北爲通衢故鋪之在南北者凡八所

總鋪（偏僻）在縣前上至五里鋪五里下至八里洋鋪十里館有門有廳三間有屋十餘間繚以垣清康熙九年燬知縣張逢歡捐資重建（李志）今被兵燬（同治志）鋪司鋪兵四人（李志周志作鋪司一人鋪兵五人）

五里鋪（偏僻）在縣南一都上至天姥鋪十五里下至縣前鋪五里弘治十二年建東廊三間葺舊廳西廊各三間郵亭正門各一間

繚以垣夏志清康熙九年燬知縣張逢歡典史毛鼎鉉重修張志同治元年復燬於兵同治志鋪司一人鋪兵四人李志

天姥鋪衝要在縣南一都上至三溪鋪十里三溪鋪爲新昌縣界下至五里鋪十五里弘治十二年建正廳三間東西廊各三間郵亭正門各一間夏志萬歷間知縣萬民紀及張時暘修之清康熙間知縣張逢歡復修之張志今圯鋪司一人鋪兵五人李志

八里鋪偏僻在縣北十九二十都一名迎恩鋪上至縣前鋪十里下至禹溪鋪十里弘治十一年建正廳三間東西廊各三間郵亭正門各一間夏志清康熙間圯知縣張逢歡典史毛鼎鉉重修張志尋亦圯鋪司一人鋪兵五人李志

禹溪鋪偏僻在縣北十九二十都西至八里鋪十里東至仙巖鋪十里弘治十二年建正廳三間東西廊各三間郵亭正門各一間

繚以垣夏志萬歷間知縣萬民紀及張時暘修之清康熙間知縣張逢歡復修之張志同治元年燬於兵鋪司一人鋪兵四人李志

仙巖鋪偏僻在縣北十九二十都上至禹溪鋪十里下至楮林鋪十五里弘治十二年建正廳三間東西二廊各三間郵亭正門各一間繚以垣夏志後燬清康熙九年知縣張逢歡重葺張志同治元年復燬於兵鋪司一人鋪兵四人李志

楮林鋪衝要李府志作楮林鋪在縣北二十一都上至仙巖鋪十五里下至上館鋪十五里弘治十一年建正廳三間東西廊各三間郵亭一間正門一間夏志萬歷間知縣萬民紀修之清康熙九年知縣張逢歡復修之張志尋圮鋪司一人鋪兵五人李志

上館鋪　在縣北五十五都上至楮林鋪十五里下至池湖鋪十里池湖鋪爲上虞界弘治十三年建正廳三間矮房二間東西廊各三

間郵亭一間正門一間夏志萬歷四十六年知縣張時暘修之清康熙九年知縣張逢歡修之張志尋圮鋪司一人鋪兵五人李志賦役全書嵊衝要三鋪上館鋪楮林鋪天姥鋪司兵各五名偏僻五鋪縣前鋪五里鋪仙巖鋪禹溪鋪八里鋪司兵各五名每鋪設鋪司鋪兵外總鋪另設驛使一名又設吏一名總之曰鋪長凡鑼鼓燈傘旗帽日晷黃袱夾板油紙之類俱全

兵防

駐防把總一員浙江通志係千把總輪防協防外委把總一員城中駐防官一員兵五十名三界駐防官一員兵四十名李志馬步戰守兵五十名浙江通志作二十九名李府志作馬兵一名戰兵三名守兵九名官例馬二匹戰馬二匹清同治七年定一十七名

三界塘　仙巖塘　南門塘各設煙墩三座守兵五名係縣汛兼轄李府志

民壯　明額設一百名以守城池倉庫張志嘉靖間海寇汪五峯亂增置正副額共二百名霜降演習戚繼光鴛鴦陣法李府志作民兵四百名清康熙七年裁存十六名九年復至五十名後因捐解俸工裁汰雍正二年奉旨准各省州縣額設五十名俱募壯健者充補內分鳥鎗二十名弓箭二十名長鎗十名與兵丁一體防守四年奉旨准將馬快八名添入班內合爲一役學長鎗以專操

習十年裁存二十三名內撥大嵐山三名李志下同　王雨謙廉書戚繼光爲浙江都司僉書以義烏人故勁慓言督府請練爲兵募三千試之而江南菹澤多走險不比江北地夷可兼驅者乃爲鴛鴦陣陣有十二人隊長前次夾盾次夾枝兵次四人夾矛次夾短兵樵采居後其節短其數分明其步伐合地宜其器互相鬬

鄉兵　明天啓間流寇爲亂每里設鄉兵一名共七十六名清順治五年四山皆盜知縣羅大猷每坊置十名每里增置九名共八百二十名糧皆里出順治八年裁去四百名十六年又裁去二百名十八年又裁去一百十八名仍存八十二名康熙七年盡革咸豐年間洪楊潰兵入境各鄉奉憲檄設立團勇無定額糧由民給事平撤去

教場　在拱明門外爲武生試射民壯演武之所舊有演武亭三楹霜降日以祀旗纛今圮

管解寨剡錄作管界　在二十三都永富崇仁二鄉宋紹興二十年浙

東諸司奏置設官一員弓兵百名後改巡檢司明革

長樂寨　在長樂鄉按長樂寨據剡錄及周志夏志張志俱在四十都長樂鄉至今稱上下寨嶺乾隆李志道光李志作白峯嶺者誤今校正宋宣和三年知越州劉韐奏置設官一員額兵二百名剡錄作三百名弓手九十八人元改巡檢司明革

鮑家寨　在五十三都禮義鄉無考

軍器　明崇禎間置弓矢長鎗鳥鎗火毬火磚火藥各若干以鼓樓下東側爲武庫清初廢

兵事

漢三國時吳以賀齊爲縣長誅奸吏斯從從族黨攻縣齊討平之詳見名宦賀齊傳張志下同

齊武帝時山賊唐寓之爲亂令張稷禦之

唐寶應元年台賊袁晁爲亂往來剡邑李光弼遣將張伯義平之

咸通元年春正月賊裘甫據縣觀察使鄭祗德敗績夏六月觀察使王式討平之詳見留績王式傳

宋宣和二年庚子睦賊方臘攻縣知縣宋旅戰死明年春知越州劉韐討平之詳見留績劉韐傳

元至元二十六年寧海賊楊應龍分寇新嵊天台王甕吉鯓台郡志云諸王甕吉鯓時謫婺州率兵討之與浙東宣慰使富弼討平之天台縣志新昌縣志按是年二月婺寇楊應龍入邑焚掠達魯花赤火普思密與賊戰會嵊兵於東陽討平之新嵊以安

至正年間方國珍遣兵掠縣自十八年至二十一年寇每歲竄嵊縣治學校逐次焚燬擄掠山鄉婦女多不辱而死者詳見列女傳二十二年縣境盜起肆掠一空三十二年癸卯邑民執尹陳克明至婺州明師先於戊戌取婺州帥朱文忠守之遐邇歸誠嵊民執尹至婺州推邑人邢雄攝縣事後元帥周紹祖鎮縣仍受元正朔 張志下同

明弘治九年溫賊入城劫縣庫

嘉靖三十四年倭夷掠新昌抵嵊時邑令吳三畏方築城倭見城上列火幷聞呼譟聲遂遁走上館嶺會容美兵伏起追入清風祠斬俘一百七十餘相傳王烈婦有靈焉迨城工將畢倭又自台流嵊三畏督兵民嬰城守倭復遁

崇禎十六年奉化賊竺文竺武屯聚大嵐山撫按檄奉虞嵊新四縣會勦是年冬知縣蔣時秀率民壯鄉兵駐劄法祥寺約束無法壯役冒掠山僻婦女有不辱死者置不問

十六年東陽賊許都叛次年春嵊太平鄉獲賊黨僧妙員等六人巡海道盧騰戮於演武場

清順治五年嵊山多盜知縣羅大猷置鄉民八百二十名六年己丑二月二十五日嵊城破見行在陽秋錄

康熙元年知縣焦恆馨被訟在省鄞賊乘虛夜劫後衙不動倉庫官鄉兵追之至土塊而還張志下同

康熙十三年耿精忠反先寇浙東賊將趙沛卿等陷嵊城寧海將軍固山貝子福喇塔遣參將滿進貴知府許宏勳知縣張逢歡分路進勦連破之於開元太平長樂等處嵊遂平詳見留績固山貝子傳許宏勳傳及名宦張逢歡傳

咸豐十一年辛酉四月洪楊潰軍入金華八月據東陽有窺嵊城狀城鄉設局防堵嵊西白峰嶺界東邑爲寧紹門戶撫軍王

有齡遣郡紳孫士達參軍葉聖言領提標兵二千五百名守之歷月餘敵燄益張孫撤去聖言守如故至十月初退嵊城十月初六日洪楊軍范汝增部由稽邑陶隱嶺入嵊又黄呈忠周勝富二部由暨邑上谷嶺趨嵊各擁衆數萬紮崇仁鎮參將葉聖言會鄉兵拒之兵寡不敵范部遂於初七日巳刻陷嵊城居一日范部由嵊南攻新昌南民團截於南渡范部折而西走黄部由嵊北攻上虞北三十六社咸死守黄部連擊十餘日不能進至十九日潛由漩水嶺入遂焚燬長橋陳村黄金山等處殺戮尤慘范黄去嵊留周守城焚城外房舍四圍斬木塞壘以障之閒與民團相攻擊十月初十洪楊軍別支自暨陽入嵊西鄉團禦之山口莊擊斃數十未幾至益衆戰益劇武舉錢鎮雄錢鎮嶽等力盡而死十一月十二日復有洪楊潰軍自暨邑入嵊北

踞苦竹溪和尚菴附近民團會擊敗之敵遂分趨暨邑及嵊城十三日西南團攻花旗營先是十月十二日花旗營魏建安率衆十餘萬由白峯嶺入踞太平長樂開元等處連營五十餘里蹂躪甚慘是夜西南團束草持火分道攻擊喊聲震地魏軍死傷無數仍從白峯嶺去西團踰嶺緊追直逼東陽地姑還至白峯嶺及大嶺作關小溪等處守之由是嵊西肅清十五夜周勝富會新昌洪楊軍分燒碧溪蒼巖等處甚洶湧以蒼巖等莊倡首攻營也二十一日西團往攻東陽城時恐東邑洪楊軍出爲聲援計議以攻作守分領團勇數千名會合東邑團董同攻東城次日敵軍突出南門東人先潰西團因力屈敗回死者數十人二十二日西南團合攻嵊城已薄城將登梯見後隊不繼潰明年正月西團復會各團於二十二日攻城分擊西北二門不

克乃退守甘霖鎮洪楊軍旋至餘姚調馬隊四百卒三四千於二十九日冲突西鄉大肆焚擄而還三月花旗營乘間復踰大嶺傷民團甚夥時板宅莊民十七人善鳥鎗奮身回殺斃其軍目始退嗣後不敢窺大嶺四月初十日洪楊軍自上虞入嵊北踞江沿日出焚掠惟獨山大山善鎗礮屢攻不破此外沿江村落遭害者凡六越月十三日清軍復寧郡十五日洪楊軍那天義部自寧敗入嵊陳公嶺紮小山馬鞍遶黃塘橋東團與交鋒少挫之十九日又有顧天義自寧入嵊清風嶺紮山前何家村東鄉團合擊之走裏坂二十日復攻裏坂戰於八里洋殺傷相當越二日那顧前後夾擊鄉團首尾不相顧遂退守要口敵亦退入城夏五月東團會官兵攻城約於本月二十日寅時集城下至期東團前隊紮楊溪岸東後隊紮楊溪岸北官兵未至忽

天大雨軍火皆濕敵從東北二門翼而出猝爲所圍俟後隊往救而前隊已失利矣二十一日東團復會合官兵於塔山下殲斃敵數十敵由楊溪渡繞其後遂敗績武生單殿彪死焉陳朝雲暨人也有勇名七月初與余寅朱之琳等率團勇數百過甬江嵊士民苦攻城不利共赴道轅籲請陳朝雲會勦十一日陳朝雲會前嵊令史致遜典史李承湛至嵊華堂設局二十三日北團擊平水遊騎於丁岸斬百餘級釋擄民甚衆餘騎遁上虞八月初六日陳朝雲帶本部勇屯茶坊札會各團於初八日攻嵊城敵偵知之暗調馬隊鳥鎗萬餘於初七卯刻冲茶坊營衆團未集朝雲軍不支僅以身免而寅與之琳殲焉龍亭山下和尚殿莊團勇百餘名甚勁男婦老弱奔避者不下二千自辛酉冬歷十餘月洪楊軍不得上山陳勇潰猶衛男婦遠避力戰死

者十餘人十七日北團擊那天義於鍾家嶺天義走諸暨二十四日天義由諸暨復入焦坑下王等處北團回擊於坂頭小嶺頭天義由嵊南入新昌閏八月十三日暨邑洪楊軍數萬入榆樹高脚峯等處北團合會稽東鄉兵三千攻之敗敵於雙溪橋尸橫遍野釋被擄者數百其餘衆走會稽童家嶺綠岸鄉兵追之復遁會稽馬黃嶺九月中旬洪楊軍攻南山焚掠甚慘十四日益釁至團勇數百擊之斃八十四人有中葉村錢某持鳥鎗伺擊之斃其目十三人乃退周勝富聞北團之勁也九月十八日合諸暨新昌會稽上碧溪江沿等處潰軍共十餘萬趨北山擊北團於葑田嶺北團應接不暇退守錙巖頭畫廟後團勇死者數十人老幼被害者二三百人縱火延燒數十里各團勢蹙甚尋前寧紹台道張景渠克復餘姚上虞洪楊軍入嵊北團截

擊於王沙𣗳樹等處斃之甚夥各團氣復奮勝富知四面受敵勢不可留遂率駐城鄉各部並於十月五日退去嵊乃平同治志

光緒十六年庚寅長樂人烏帶黨首錢老八生死黨首錢家見以𨉓樹黨附之者互相殺掠縣西騷然先是知縣竇光儀請兵大府不省黨勢益猖舉人黃瑞虞等練鄉團於是大府檄協鎮楊春榮都司楊永貴守備陳光勝率兵赴勦時黨衆出沒無常監生錢昶以長樂鄉團捕之多就逮事乃平

光緒三十三年丁未七月白竹人裘文高聚徒劫殺爲鄉里害是年七月知縣秦家穆會哨官李逢春於廿八都李不審形勢奮擊之遂被殺文高遁台州十月文高復率仙居人二百餘據白竹管帶劉慶林馳擊之殺其黨二十餘人會日暮文高衝陣出短兵相接慶林遂被害哨官楊泰華兵士劉必全等八人殉焉

宣統二年管帶張長發遣哨官管榮超偵緝裘文高獲之於陳公嶺解縣伏法餘黨乃遁散

嵊縣志卷二終

嵊縣志卷三

建置志

水利　碶　塘　隄

碶

上渠碶下渠碶各長一百五十餘丈里下設碶長領之　以上一都乾隆李志下同

陳塘碶長五丈　二都

桃花碶長二十餘丈　吳家碶先爲洪水坍塞明萬曆三年修築今廢　以上三都

大巖碶長二十丈　五都

守山碶　臨安碶　縱枝碶各長一百餘丈　前花碶即東郭碶今圯　桃花碶各長五十丈　以上六都

棠溪碶長一百餘丈　清乾隆十六年吳姓公濬灌田千餘畝道光李志下同

山前坂碶　清乾隆十八年吳姓公濬灌田二千餘畝以上七都

黃濟渠碶長五十丈乾隆李志下同　黃澤碶長八十丈清康熙四十三年魏胡葉張四姓重修灌田一千五百畝下通賴石碶灌田三千畝

湖北新碶長一百丈嘉慶七年魏姓浚築灌田千餘畝道光李志　賴石碶長五十丈雍正二年唐葉山王莊築灌田千餘畝　宕頭碶乾隆李志下同　大淺碶九十丈以上八都

許宅碶長十丈　任泉碶長三十餘丈以上十一十二都

雙巖碶　舊名香團碶灌田二千畝十三都道光李志

梅林碶長十五丈乾隆李志下同十五都

干浦碶長二十丈　曹娥碶長十丈以上二十二都

油草碶長六丈　道士碶以上二十三都

趙碶道光李志下同　漢碶　楊古碶　秋頭碶乾隆李志下同　黃城碶各長三十丈　澄塘碶長二十丈以上二十六都

相家碶長二十丈黃巖碶長六丈黃石官碶　青水碶以上俱乾隆李志二十八都

長善新碶道光李志洪婆橋碶長二十餘丈乾隆李志下同油草碶長二十丈清康熙間縣丞胡玒督濬　胡洋碶以上二十九都

下黃坂碶長十八丈水入高橋口上灌富順田下流灌范村等莊田查道光李志另載高橋碶在四十八都其實一碶兩名並非兩碶今刪正同治志　檬頭碶長二十丈秋祿碶長二十餘丈以上三十都乾隆李志下同

城後碶長十丈　黃家塘碶長二百餘丈以上三十二都

下齊碶長十丈三十三都

苦竹大碶長二十丈三十四都

苦竹碶三十五都

鐺黃碶長二十丈三十六都

王金碶長三十餘丈道光李志　新石碶長三十丈乾隆李志下同石硑碶長十餘丈以上三十七都

八畝砩李府志　白肚砩長百餘丈乾隆李志下同　橫溪砩長百餘丈以上三十八都

古砩三十九都

沿巖砩長三百丈四十都

前田砩　石古砩　苦竹砩以上四十一都

通渠砩　胡家砩　菖蒲砩長三十丈以上四十二都

泉砩李府志　沈郎砩或作聖浪乾隆李志下同　史鐵砩以上四十三都

東坑砩道光李志　阜角砩長二十丈乾隆李志下同　新橋砩以上四十四都

宋家砩四十五都

烏鱸灣砩道光李志　康郎砩以上四十六都乾隆李志下同

俞家砩長百餘丈　畀溪砩　新石砩　新砩道光李志下同　湖砩以上四十七都

楊廣砩長數百丈乾隆李志下同　龍西砩長三百丈　西湖古砩長三十餘丈道光李志

碑石砩乾隆李志下同　戚家砩長四十丈以上四十九都

浩江大碶長五百丈石鼓碶長二百丈崇禎間鄉民李嘉壽倡濬後淤清康熙間典史毛鼎鉉督濬其後嘉壽裔孫學海復督同修築以上五十都道光李志

浩江大碶乾隆李志下同陳郵碶長二十丈以上五十一都

烘通碶道光李志五十二都

深林碶長一百五十丈乾隆李志下同潭遏碶長七十丈湖塍碶長一百三十丈

湖塍新碶　舊在嵊新交界五都村上里許嵊人築以灌田嘉慶十七年洪水衝淤民苦無水灌溉欲另開新碶致與新民上控委員累勘不決二十年邑侯方秉稟請府憲趙秉初新勘與新合力爭於舊碶迤北十九弓低窪處開新碶闊一丈深六尺斜長三百零二弓接引溪水新人灌田三百畝嵊人灌田一千六百餘畝每新人灌一日嵊人灌五日詳憲立碑案遂定嵊人感

方侯之德爲建生祠於碶側以上五十三都道光李志

源通碶長二百餘丈乾隆李志下同　益通碶長一百餘丈　萬曆間洪水衝坍邑人趙峯復修治之以上五十四都

陳大碶長五十丈五十五都

塘

抽塘　在邑北門内城脚同治志

愛湖塘一都

黄塘沸泉冬夏不竭二都

何家塘廣十畝七都

任峅塘八九十都

妳烏塘十四都

西山塘十五都

清隱塘十六都
俞家塘十九二十都
廣利塘界十九二十二十五都
沃塘二十都
漢塘二十五都
官塘三十六都
蘆塘三十七都
普惠塘四十二都
道塘　貴家塘四十六都
新塘　東湖塘　清嘉慶間金張兩姓中築一堤分而爲二水利便之道光李志西湖塘以上四十八都乾隆李志
外湖塘　俗呼爲大洋塘五十都道光李志

麗湖塘乾隆李志下同古蹟塘長四十丈五十一都

冽潔塘五十三都

隄

萬金隄　在太平鄉崑溪發源東邑直注西門橋東北民居千餘家田二千餘畝賴以灌溉地勢低下漲即爲患清乾隆十九年監生應備絅郭君實按畝勸捐築石爲衛期年成曰萬金隄二十八載大水隄壞廩生應紹濂及邢協熙應乾郭萬年等復勸捐修築長二百六十餘丈高一丈六尺厚二丈五尺俱以大石疊成李府志

萬寶隄　在太平鄉萬金隄下保衞田廬千有餘畝清乾隆四十五年大水衝坍合鄉紳士呈請修築至五十六年及嘉慶六年二十五年道光五年疊遭水激旋修旋圮里人欲爲一勞永逸

之計捐有田畝隨時修補築石增高砌平爲路隄長一百餘丈高一丈八尺闊二丈有奇道光李志下同

白沙隄　在縣北五十里李家浦莊清咸豐四年朱文琳等捐修上自牛山下至白沙長四百餘丈高一丈八尺隄首山麓建新閘坂田得禦水災者爲二千餘畝

福壽隄　在縣西三十八都水自西白山出奔注㘭頭莊清嘉慶二十五年里人按畝捐築計長一百二十餘丈闊二丈高一丈

附水碓水磨水車水龍

水碓　藉水之力以舂有二制平流則以輪鼓水而轉峻流則以水注輪而轉又有木杓碓碓幹之末剜爲杓以注水水滿則傾而碓舂之唐白居易詩雲碓無人水自舂是也

水磨　以水轉輪以輪轉磨

水車　置流水中輪隨水轉周輪置大竹管經水中則管皆滿及轉而上管中水乃下傾用以代桔槔制皆機巧韻書水推曰繙車

水龍　嘉慶八年署邑令陸玉書造水龍一具旋廢二十年邑令方秉教諭葛星垣復倡造正備水龍二具於城內構數椽貯之道光李志　葛星垣記畧浙江諸郡皆置水龍而其具莫精於吾禾甲戌春余秉鐸來嵊是年自夏及冬城中數被祝融之烈邑侯方珊洲先生憫之商於余會武林吳柘軒上舍業鹾於剡素好善與余最契余述邑侯之意慫恿之柘軒即於同業中商集經費仿照禾式置水龍二具水斗若干隻構數椽貯之且選有力者幾輩教以浙西運龍之法經營數月事乃成同志中有曹君靜波吳君建初身任其事而董率之一切規條立簿以垂久遠余喜柘軒能體邑侯愛民之心共成義舉并喜曹吳兩君踴躍辦公不辭勞瘁之力尤爲難得也是爲記　李式圃紀略水龍始自有明從西洋流入中國其製鎔錫爲大壺腹用機關以手激水而上噴薄如驟雨誠救火良器也嵊邑城廂內外居民稠密溪河遠隔偶有火警取水綦難予竊憫焉茲詢東西化龍三門前署令方君秉學諭葛君星垣倡捐經各紳商等共置水龍五具而南北兩門並無置備已飭令其一體捐置至縣廨

向有水龍兩具及水桶撓鉤等物倡自前署任陸君玉書恠年久不修俱已殘缺朽壞余既捐廉將一切器具重加修整仍照舊章交壯役收貯公所一遇有警立卽赴救以期有備無患並令各鋪戶於門首倣會城皆設大水缸一隻隨時滿注庶幾便於提汲以濟水龍之用夫水之性就下搏而躍之僅可過顙今迺能上激至十餘丈許機愈動則水愈高其法爲甚巧而救火之力甚大而普推之一鄉一邑之間倘得各備數具雖有燎原之火亦無難立時救熄則思患預防以拯閭閻之烈禍夫亦何非有司者之責與 咸豐辛酉被毀同治三年東門內復置普安集水龍公置田五畝零 五年添置天一龍永潛龍東門外置一善龍北門置安慶集水龍南門置保安集水龍同治志

橋渡

橋

大橋　三板橋　在東隅乾隆李志

南門橋　在南門外南津渡當南北通津元末有浮橋廢明弘治十年邑人夏雷上書知縣請復之不報嘉靖二十六年知府沈啓張志作啓陞誤檄縣造木橋尋圮王畿記略剡縣南二水合流南溯台溫北連吳越爲通津焉湍急最稱險阻舊官制渡舟人競渡多覆或以徒涉溺死民思橋爲利便郡伯吳江沈公以事涖嵊曰太守坐郡治不按部屬邑苦害無由周知除道成梁非王者之政乎既不爲鄭卿之濟人又不若漢丞相之治橋梁道里其何以稱良牧耶番禺鍾令奉議爲之民歡呼趨事踰月而木橋成名曰沈公橋萬曆元年知縣朱一柏置渡船二隻渡夫二名每年修理與工食銀共一十四兩四錢俱派入條鞭內三十六年秋七月邑進士周汝登請知縣施三捷建今橋石礅石梁長亘里許廣厚通輿焉一名施恩橋周汝登捐銀五十兩爲倡嗣知縣王志

逵縣丞王文運修之天啓間推官李應期崇禎間知縣方叔壯相繼增造復爲怒濤衝坍行人病之淸康熙間知縣張逢歡縣丞胡玒典史毛鼎鉉捐銀修葺乾隆八年知縣李以炎重修乾隆李志嘉慶四年圯邑人捐建道光六年張萬年捐修二墩道光李志

李式圖重修南門橋記略剡溪之水西自太白山來支港數十皆滙於斯爲兩郡六邑之通津昔人因是架西南二橋以便行旅西橋水淺勢平鮮崩頹之患南橋水深勢仄易於衝坍其廢興屢矣嘉慶二年間大水南橋傾圯邑人捐而修之橋長三十餘丈爲墩一十有三未五年而南岸圯監生張永思接造三堍以寬其水勢其石梁石墩視舊加固道光三年大水復漲三堍之北二墩又圯永思姪萬年獨捐資續修之惟北岸居民疊石建屋激水勢而南南岸無石塘之固愈激而愈南水不能直趨橋下則墩以横激而易圯舊墩之下朽樁累累新樁雖下而不深不深則不固其墩又易圯修之恐難經久萬年相度其勢易二墩爲一墩避朽樁以自立其基改三洞爲二洞寬大其門戶以納狂瀾使不至有衝激之虞令族姪紹麒董其工經始於四年七月告竣於六年五月計費二千貫有奇是非特慷慨樂輸其經營可爲周矣余於去年攝篆太平道經兹土維舟橋下見其規畫盡善今涖任甫五月而橋適成既堅既固

亦完亦好可以爲永遠之計爰記其事俾勒諸石三十年大水

復圮咸豐元年棠溪吳宗璜復修改一墩爲二墩二洞爲三洞

邢佳畹重修南橋記略嵊南濱溪舊據要津設西南二橋以通行李而南橋每不及西橋之耐久蓋橋之植立以墩墩之鞏固以址南橋北岸民多佔踞河身築基以自廣水至激薄而南沙磧隨積隨嚙址泛不堅墩懸無薄旋修旋圮職此之由道光六年張萬年捐修二墩閱十餘年復毀其一攝令陳公募修積三年未有應者棠溪吳君寶亭經其處慨然有修復志遂詣曰與工以是役屬林公小野董理族姪吳如桂佐之曰毋靳財毋惜費吾所期者二言而已矣林方鳩工庀材溪水驟乘又毀其二墩謂林君曰是波臣之相予也此受病與曩墩同不毀行且撤倘因循苟且塗塗附焉將因一墩以妨衆墩與其功垂成旋隳何如力未施而失圮哉已又并其未毀之一墩並撤之聞者益偉君所爲君乃隨地審宜濬治墩址深過舊者幾倍又鱗次栰松木爲址架大石其上累石成墩一墩之費幾二千金既君厄二豎度不起謂仲兄星橋曰弟蒙先人業飽暖以終夫何憾所耿耿未了者橋工雖粗有成緒惟橋南護岸當北來衝突之流工雖堅易脆前事可鑒既順水勢又避水衝就上游斂仄疊石作砥方杜前患工之喫緊在此終其事在汝輩矣星橋泣諾如君言紀理比君歿十月而橋乃落成君諱鏞字宗璜號寶亭此一役也費萬金有奇云

西門橋　在西津渡宋時建二十五船浮橋廢繫橋雨石柱猶存

明弘治間建邑人黃漢二捨銀甃石爲洞橋甫成而壞更造石墩横以木嘉靖二十四年知縣譚潛增墩爲十四易木以石萬曆二十九年知縣吴濟之縣丞邵斗重建清初洪水衝激墩壞康熙七年知縣張逢歡縣丞胡玒典史毛鼎鉉邑進士尹巽各捐銀延僧明道募助修葺九年大水墩壞嗣是失修者數十載圮隤過半人多病涉乾隆八年知縣李以炎創捐重建志乾隆李李

以炎重建西門橋記略乾隆四年秋予自湯溪調嵊五年大水六年又旱奉檄查辦戴星而馳不辭勞瘁蒙上司德意賑卹蠲貸吾民得以安輯七年而歲大稔吾與民而後喜可知也聽斷之暇獲纂新邑乘爰逮膠庠壇壝廟社以次興舉念西門大橋久圮民猶病涉失此不圖後將因循於是首先捐俸二百金城鄉紳士勇往慕義爲予將伯程材量工既有日矣伐石於山山徑嶔崟不能輦致千鈞之石疊竹泭者五方克任載奈溪流蹇淺予方蹙然憂之已而霪雨滂沛衆泭乘流而下悉輳工所歡聲雷動驚爲天助嗟乎此一橋耳於寓縣經畫何異太倉稊米而川后效靈成功旦夕亦一誠所感橋經始於乾隆七年三月落成於是年八月跨水三十有五丈高一丈有三尺横七尺爲洞一十有五爲墩一十有四用白鏹九百有奇因記其巔末如

此凡樂輸姓氏例得書於碑陰　金以成記略王制徒杠輿梁政之平者惠之大者今所在山水奧區皆津梁綰轂其口顧隤廢者半或磵曲谿危才通略彴或淼瀰一碧自厓而反詎非司牧者曠若職哉嵊邑西門石橋成隳巔末詳邑志予勿贅嵊之爲邑四山沓沓遇霪雨則樹杪百重挾枯荏亂石匉訇雷輥而下雖有橋道不能經久乾隆癸亥春李公慨然興建首捐俸百金士民樂捐者麇至於是徵役偫材衆工畢舉閱半載而成用帑九百公將買石太湖以銘歲月有村甿爬蔬披巖得巨石可供鐫劖橋成而碑材涌出斯亦一奇也公又新葺南門大橋南津東津兩渡各增船隻皆以是年蕆事蓋公善於集事其愛人利物出於真誠愷悌而未嘗沾沾近名邀惠是爲得政之大體焉

嘉慶七年邑人周光煒喻大中周昌敬宋振羽等募捐重修　道光李志

沈謙記畧嵊縣西溪之水由西白諸山澗合東陽之流委折六七十里而達西城之下遇積霖水發溪腹不容輒横流入城數尺爲患最大又西南諸鄉號稱沃衍聚落亦多民之往來城中者必踰溪始達自前明建有石橋得免病涉然亦屢遭衝壞隨時補葺而已清康熙七年及乾隆八年吏斯土者兩經倡修嘉慶壬戌余由閩調任茲邑紳士以西門橋落成請記詢之則橋壞於庚申六月大水里人周光煒等集議捐修好義之士踴躍襄助鳩工疊石拆建增修經始於是年中秋訖工於辛酉臘月蓋閱十有六月而成用錢四千五百貫有奇因是

知修舉廢墜者吏之職要未若居其地者之自爲之其用心周而爲計遠也故樂爲之記其董事及樂輸姓氏伐石另勒並立橋南之新建土地祠云道光間橋東北横路斜西衢係貢生沈永通買屋數椽撤而廣之

文昌橋　在朱公河口明萬曆間知縣譚禮建今廢乾隆李志下同

傅公橋　在朱公河口清雍正十年會稽謝士先僑嵊建趙葛氏助銀六十兩後圯士先子單力修之

廣濟橋　在朱公橋左清同治八年黄澤鎮余琢齋妾吴氏建同治志

子猷橋　在艇湖山麓晉王子猷返棹於此舊有橋明成化十年知縣許岳英重修隆慶間縣丞王廷臣立碑識之萬曆十八年西隅義民喻裁重建

蔣家埠橋　在縣東十里明萬曆間甃石爲洞下可通舟上鬭石闌人稱花橋

謝靈橋　在縣東五里以謝靈運得名明成化間知縣許岳英重修

直瀆橋　在縣東十里魏姓建旁有茶亭曰一心

和尚橋　在縣東十里

關山橋　在縣東十五里貢生趙桂倡捐修建道光李志下同

濟明橋　在縣東二十里官地莊清嘉慶二十三年國學生魏鏞子雨沾等捐建李遇孫記略縣東二十里曰官地上達台寧爲剡東孔道村前有溪受金庭四明諸山之水舊有石橋坍圮已久山水暴漲洪流澎湃行人病涉望洋興歎非一日矣國學生魏君諱鏞素以利濟爲心於此橋尤惓惓焉程材量工會計數載以老病不果臨終囑其子雨沾曰吾立志捐建是橋經費已裕今不及見深以爲恨爾等卽勉力成之嘉慶二十三年雨沾與其姪敦五敦六等籌度辦理以竟先志遂諏吉興工募良匠選貞石親自督率雖風雨弗輟越數月告竣名曰濟明橋長六丈有奇高二丈廣五尺爲洞三計費千緡至二十五年大水衝壞雨沾復葺始終不倦俾得堅固完善而後已是橋也魏氏一門父倡於前子繼於後修廢舉墜民無病涉豈可無一言以告來者遂記崖略俾勒諸石其族鳳貴三貴敦禮

等樂襄義舉共費資二百餘金應並書焉道光七年四月

咸寧橋　在縣東二十里湖頭莊里人魏詩建道光李志清道光二十三年職員魏羽儀重修同治志下同

梯雲橋　在縣東二十里湖頭莊清咸豐三年職員魏春臺魏羽儀等捐建

九片橋　在縣東二十里過江莊

東明橋　在縣東二十里大屋莊葉姓捐建道光李志

廣濟橋　在縣東二十五里白泥墈莊清道光十四年魏書命子謨承烈建同治志

許宅橋　在縣東二十五里乾隆李志

同善橋　在縣東許宅莊清咸豐六年丁許兩姓倡捐建同治志

玉輅橋　在縣東三十年丁吉等建道光李志

清石橋　在縣東三十里乾隆李志

通寧橋　在縣東四十里清嘉慶七年里人魏詩捐資創建道光李志下同

李富孫記略嵊爲山水奥區東行四十里許曰官園溪上接台寧下通婺越實爲剡中要道其東有簟山而溪在山之陽滙四明山西諸峽之水統山行而南注溪西折以入於剡向無橋梁亦無舟筏每遇洪流暴漲浩無津涯行者皆病涉焉州司馬魏君詩嘗經官園溪見水勢瀰漫湍流迅激憫行人艱於濟渡於是慨捐己資召募石工開山伐石躬自相度形勢創建石橋七洞計廣八尺長逾一十八丈有奇積日累月親爲督視經始於嘉慶七年踰歲落成名其橋曰通寧由是自剡而入他郡者往來絡繹無望洋之歎復於橋側置茶亭路廊增建潮神廟三間施茶憩勞以資行旅又捐田四十餘畝以爲修橋茶薪之費予上舍春臺踵爲經理俾得永久不廢前後縻錢共一萬有五千貫噫魏君之慷慨好施不惜巨貲獨任以成茲橋非止惠及一方一世已也

是宜記之以告來者

東梯雲橋　在四明山石屋下清道光五年監生張基聖妻呂氏建

晉溪橋　一名會龍　在縣東四十五里明弘治間邑巡檢姚順建乾隆李志

保莊橋　在縣東靈山鄉漁溪莊同治志

廣濟橋　在十四都清乾隆間王杏芬建道光元年子煥文等重修道光李志下同

普濟橋　在十四都觀下村西清乾隆間王行先建

平溪橋　在十四都清乾隆五十年王澍齡煥文志雲等倡捐建

華靈橋　在十四都靈鵝村南清道光元年里人捐建

廣惠橋　在縣東六十里

下萬緣橋　在縣東六十里蔡家莊清嘉慶二年建十四年重修道光李志道光間蔡道助等復修改萬安橋同治志下同

上萬緣橋　在縣東六十里北莊清乾隆間建道光五年重修改積善橋道光李志二十三年里人黄積盛倡捐復修

萬安橋　在縣東六十里水口莊清乾隆二十九年建道光李志道光

閒水圯東林貢生王鑑等捐建石梁五洞咸豐二年復圯庠生王彭率王姓重建

同善橋　在縣東六十五里忠節鄉廟前清道光閒捐建咸豐十一年單國棟單仁煇單松濤重建

長生橋　在縣東六十五里小柏莊清道光閒蔣鄭兩姓合建咸豐閒單仁煇與蔣姓重建

濟渡橋　在縣東七十里明景泰閒王湯仲建有屋五閒乾隆李志

福德橋　在縣東七十里任塢廟前並跨三洞清咸豐元年單國棟徐大松竺洪鈞等捐建同治志

濟渡新橋　在縣東七十里里人竺學與王夢賚倡捐建道光李志下同

育麟橋　在縣東七十里上塢莊清道光二年戚尚義建

萃靈橋　在縣東七十里乾隆李志下同

通濟橋 在縣東七十里陳公嶺下

瑞昌橋 在縣東七十里

三魁橋 在縣東七十里清道光七年貢生王啓豐建道光李志今廢

下三魁橋 在縣東七十里清咸豐間單國棟建同治志

環碧橋 在縣東七十里東林莊元許汝霖建旁生叢楚色深碧嚴寒不凋環繞加欄秋結紅實殊可愛玩道光李志下同

東坑橋 在縣東七十五里清道光四年建

石連橋 在縣東餘上嵊三邑通衢泉岡俞文孝建孫九畹易以木水漲則渡以筏曾孫葆瑩復建屋數楹捐田十畝零爲歲修資同治志

金山橋 在縣東八十里上有廊屋乾隆李志清嘉慶二十二年重修二十五年大水衝圮道光六年單正位等倡捐重建易木以石

分爲二洞以殺水勢道光李志三十年圮同治八年單心從倡捐重建木橋仍蓋廊屋同治志下同

合溪橋　在縣東蜈蚣鉗山麓

永慶橋　太平橋　在縣東晦溪莊

雙魚橋　在縣東晦溪莊以石刻雙魚故名

化龍橋　在縣東俞家坑莊

魚浪橋　在縣東唐田莊

挽瀾橋　在縣東唐田莊

會象橋　在縣東唐田莊

永慶橋　在縣東唐田莊

積善橋　在縣東唐田莊鐘山之麓

上秀橋　在縣東皇恩嶺下

石井橋　在縣東十八都遊謝鄉楊家宅前兩岸石壁跨以木約二丈餘水深數丈旱涸時石壁鐫有字跡隱隱可窺尋

鎮西橋　在縣東十八都遊謝鄉貢生俞文孝建道光李志

小砩橋　在縣南五里同治志

三板橋　在縣南七里李志作東南

茅岸橋　在縣南八里嘉泰志作一十五里邑人馬元宰重建道光李志作縣西

下南田橋　在縣南八里同治志下同

上南田橋　在縣南十里

姚家橋　在縣南十里乾隆李志

溪頭橋　在縣南十里馬家莊同治志下同

上碧橋　在縣南十五里邑人袁國望建今名新市橋

潭過橋　在縣南十五里

黄坭橋　在縣南二十里象鼻山麓

橋裏橋　在縣南二十里湖塍渡

蒼巖石橋　在縣南二十五里

田東橋　在縣南三十里

殿前石橋　在縣南三十三里

西施巖橋　在縣南六十里禮義鄉清道光間陳正持正典等捐建

嵥嶺洞橋　在縣南七十里陳姓建

雙溪橋　在縣西南七十五里金潭莊清道光元年錢釗捐建胡鉁記略剡西雙溪洞橋之重建也明經錢君珍賢孫沛獨任之憊精神者三世費鉅萬者再舉在州里之間亦可見仁孝之世載德焉亦可見繼述之弗棄基焉君子以爲難明經以貲雄一鄉而仁心爲質雙溪在舍西十五里橋以木石每山水暴漲木石不支行人病涉凶或滅頂明經籌搬洞橋志久定而事未舉嗣君釗苦塊中繼而述之遵底法之手澤告成功於祥禫時道光

三年癸未也由是從杭席上越險行者稱其仁論者稱其孝迺二十四年甲辰秋七月九日盲風怪雨蟂孽挾霹靂火競出上流三懸潭發洪逆壅咮騫波譎睢運濤縈奪過氏所居以合攻洞橋洎水落則蕩然無存矣夫以州里之小非有素封不過數倍中人產耳今以浩繁之鉅費望人再舉卷舌而已明經之孫沛慨然起而肩其鉅咨於老成人庠生錢大縈以決計定謀其址仍故基其式因前規稍擴而精之始事二十有五年乙巳之八月錢芳接實職其事越二十有六年丙午五月告竣橋高於水底石脚四十尺有奇水面長七十尺其廣距兩扶欄二十尺太合首尾砌石共長一百四十餘丈計石工三萬五千三分千之一工料之入要會者凡一萬零二百有二十餘貫外此支費不與焉沛於是役也繼祖志述父事抑亦州里間仁孝之選與前此癸未橋成於其北創始祖武肅王廟壞像偉甚甲辰七月之災餘屋悉爲蟂孽席捲而去穹碑石几皆出十餘丈外惟武肅王像設端然不動今重新門堂寢室其餘亦如其舊旣事求記於余余惟前記爲吾邑徐大酉先生所撰嗣次巔末不僅紀歲月而已蓋亦有感於事之難而仁孝繼述之在州里間者有可不一書也於是乎書

謝公橋　在縣西一里以靈運得名（乾隆李志下同）

石佛橋　在縣西二里

應家橋　在縣西五里

山頭橋　在縣西七里邑人馬元宰建

浦橋　在縣西十里

十五板橋　在縣西十五里

新官橋　在縣西十五里橋首有菴暑月施茶

孟愛橋　在縣西十五里明正統間知縣孟文嘗勸農於此故名清嘉慶六年裘慶富等倡捐重修錢紹域捐田四畝爲修橋資道光李志

道堂橋　在縣西十五里乾隆李志

江田大橋　在縣西十五里清乾隆三十二年里人吳舜音庠生李宗會等倡議捐建構菴橋側置田施茶四十五年洪水衝塌旋修旋圮嘉慶二十一年里人蘇大堅等督修重建道光李志

千村橋　在縣西二十里乾隆李志下同

倪家橋　在縣西二十里袁思臯建

高古橋　在縣西二十里清嘉慶十五年袁維周重修道光李志下同

湯鍋溪橋　在縣西二十里清乾隆間任開周建嘉慶間任周氏

重建

梅澗橋　在縣西二十五里乾隆李志下同

胡村橋　在縣西二十五里

永濟橋　在縣西二十五都泥塘莊同治志下同

龍溪橋　在縣西二十五都龍舌頭莊

雙喜橋　在縣西二十五都

三連橋　在縣西二十五都

五福橋　在縣西二十五都

阮橋　在縣西二十五里阮肇遺跡張文珊張公泰重建乾隆李志

四柱橋　在縣西三十里崇仁鄉道光李志下同

長善橋　在縣西三十里崇仁鄉清嘉慶二十四年裘興發等捐資建

平安橋　在縣西淡竹莊清道光八年裘懋業建同治志下同

會水橋　在縣西淡竹莊清道光十年裘承德建

雙樑橋　在縣西淡竹莊清道光二十二年裘德本建

和尚橋　在縣西淡竹莊清道光十年裘政相建

會仙橋　在縣西二十六都馬家坑莊

敬神橋　在縣西二十六都馬家坑莊

青龍橋　在縣西坑口莊清道光二十六年黃端上建

太平橋　在縣西十畝嶺下清道光二十年相廷蘭建

積善橋　在縣西三畝頭莊清康熙五十七年張姓捐建
宏士橋　在縣西三十里乾隆李志下同
宋家橋　在縣西三十里
錢神橋　在縣西三十里
相家塴橋　在縣西三十里
渡雲橋　在縣西三十里黄勝堂清乾隆間建同治志
五福橋　在縣西安田莊清乾隆十二年任秉愷建道光李志
五馬橋　在縣西三十五里張氏宦顯有五馬之榮故名乾隆李志
通鎮橋　在縣西趙馬莊費云芳文忠等捐建道光李志
周郎橋　在縣西三十五里乾隆李志下同
瓦窰頭橋　在縣西三十五里
魏家橋　在縣西三十六里乾隆李志清嘉慶十六年重建道光李志下同

鎮東橋　在縣西四十里富順鎮東清嘉慶二十一年水圯道光五年里人捐建

東溪橋　在縣西三十都富順莊同治志下同

接龍橋　在縣西三十都富仁莊

乳毋橋　在縣西三十都富仁莊

護東橋　在縣西三十都富仁莊

鎮東大橋　在縣西三十都富仁莊

倒嶺洞橋　在縣西雅堂莊清嘉慶十二年金嘉蘭建道光李志

博濟橋　在縣西四十五都大王廟前同治志

蝦蟆橋　在縣西四十里周朝璋建道光李志

積善橋　在縣西四十里乾隆李志下同

三轉橋　在縣西四十里

楊神橋　在縣西四十里

新橋　在縣西四十里

潢湏橋　在縣西四十五里清道光四年貢生錢釗重建道光李志下同

仙姑橋　在縣西四十五里嶺下莊張仁發等倡建

石佛橋　在縣西五十里清嘉慶二十一年貢生錢珍重建

峻德橋　在縣西五十里三十三都清道光十八年里人駱載康周世達等捐建同治志下同

福善橋　在縣西五十里崇安鄉清道光八年里人周朝元華怡豐等捐建

開元橋　在縣西五十里當開元長樂之衝周士豐華初建菴施田橋渡賴之道光李志

蔭德橋　在縣西六十里清道光十七年里人華怡豐商從明等

捐建同治志

方橋　在縣西六十里乾隆李志長樂鄉跨茆溪之沱橋柱有當鄉胡□施財重修此橋乞福保安家眷太歲壬子紹熙三年又三月丙辰謹題三十一字同治志

西金橋　在縣西六十里乾隆李志

剡源橋　在縣西六十里璠田莊清乾隆四十一年里人錢世瑞等捐建名元旦橋尋圯嘉慶十二年錢世琪世瑛登三等倡捐重建改今名道光李志　樊廷緒記略剡西五十五里爲剡源鄉剡溪出焉嵊邑水出暨陽者五曰梅溪曰後溪曰黌院曰打石溪而剡源溪之水獨匯谷陡峻澗道逼仄每遇霪雨水發即泛濫爲害而璠田尤當其衝乾隆丙申里人始築方橋於五王廟前庚子圯丁未再築嘉慶辛酉又圯越七年丁卯璠田錢世琪世瑛等與族人相度地勢乃謀徙於下流數十步土稍平坦兩厓皆巖石可依遂改建洞橋亘六丈高三丈水從中流無衝激之患越明年成名之曰剡源橋凡用錢二千五百貫有零橋爲剡西暨陽往來孔道又足以制水之奔突民田賴之是不可以不記庶講水利者得考焉咸豐間又

圯辛酉錢登麒允艮載賡等倡捐重建同治志　錢鎮陽記略邑西五十五里有溪曰剡源舊設徒杠族叔祖世琪世瑛等倡捐改建洞橋時嘉慶丁卯也迨咸豐甲寅五月盲風怪雨滙太白以北諸澗水合衝橋盡圯費數千金悉付之東流矣歲庚申陽與從叔登麒族兄允艮載賡等倡捐重建以費用浩繁各莊議立董事三十人募良工選貞石仍分二洞一亘六十尺高三十尺有奇一亘二十尺廣三十尺跨水十餘丈閱數月舊觀頓復行旅之往來無病涉焉

崇善橋　在縣西六十里璠田莊清乾隆三十年里人錢元美世瑛宋家震等倡建錢師玉襄成之名永濟橋旋修旋圯嘉慶二十三年錢登昌登三登榆等易址倡捐重建改今名道光李志　李遇孫記略剡源鄉有剡源橋嘉慶丁卯爲里人錢君世琪世瑛等所倡建沿溪而上嚮王廟前舊有平橋名曰永濟亦係往來孔道每因水衝旋圯時剡源雖落成而上流終病涉焉於是錢君世琪謀所以復建之願雖奢而力不逮且以老病中止深爲抱恨疾革命其子登昌及姪登三等曰爾輩苟能承予志改建洞橋雖傾家毋靳丁丑冬昌等商於族以舊址水性急又遼闊立架甚難乃度上流里許兩岸對峙下有巨巖如砥柱因其巖而築之則用力少而成功易可期永固遂諏吉興工分其洞而二之

一亘七丈有零一亘二丈高四尺許凡用錢三千貫有奇越三年庚辰告竣名之曰崇善橋蓋崇善里爲剡源鄉所屬橋建於斯士即其里以名之也惟是各鄉士民莫不慨捐樂輸而子若孫又克遵命董其事以底於有成是不可以不記爰綴數語俾刋石以垂久遠

環翠橋　在縣西七十里厚仁坂莊清道光十九年職員過蘭芬捐建同治下志

思成橋　在縣西剡源鄉里人錢維聖建道光十二年錢尙青登梯登麒等捐建凡四石柱分五洞跨水十丈零高丈餘二十年八月圮於洪水咸豐元年錢登梯子鎮陽與錢中青等商於族捐資重建

樂嘉橋　在縣西徐家培莊道光李志作駱家橋清道光七年駱鴻志載康等捐建道光李志咸豐四年圮駱載康等重建改今名同治志

盧頭橋　在縣西六十里開元鄉清乾隆間周一齋捐建道光李志

崇安橋　在縣西六十里三溪莊里人樓玉寶等捐建同治志

雙虹橋　在縣西下王莊清嘉慶三年裘煥忠國佐等捐建道光李志下同

種蠣橋　在縣西六十里太平鄉清嘉慶二十一年邢炳建

永濟橋　在縣西六十五里太平鄉崑溪清乾隆二十八年應佩絅郭君實等建四十五年水圮應藝德郭君實應紹濂邢子欽等嗣建之嘉慶二十四年復圮郭萬年邢秉謙等捐資重建道光李志同治七年洪水坍橋三洞劉羽臣邢沛郭世寬等捐修同治志

永安洞橋　在縣西太平鄉開口巖馬聖堯倡捐建道光李志

五福橋　在縣西六十五里太平鄉橫莊架石爲梁里人邢瑞瑩等捐建同治志

萬年橋　在縣西小崑莊清嘉慶二十四年馬成麒建道光李志

大安橋　在縣西七十里崇安鄉裘國詠等捐建同治志下同

復安橋　在縣西崇安鄉爲諸會兩邑通衢清道光間裘國詠等

捐建

梯雲橋　在縣西七十五里清咸豐五年職員馬在泮建

石仙橋　在太白山頂下𡍼崖際數百仞天然突兀故名道光李志

興福橋　在縣西七十五里長坑莊李秉舜等捐建同治志

三口殿橋　在縣西八十里東園莊清乾隆五十三年郭君實建道光李志下同

訪友橋　在縣西貴門山梅墅朱晦翁訪呂規叔遇於橋上故名

廣德橋　在縣西貴門山呂廷瓚建

楊公橋　在縣西北一里以楊公簡得名乾隆李志下同

洗屐橋　招隱橋　在縣西北十四里跨逵溪上下流兩橋皆㦸

公遺蹟

新興橋 在縣西北逵溪莊清嘉慶四年張洪玿倡捐建道光李志下同

一在二十六都横牆衕

永護橋 在縣西北三十一都護國嶺莊清嘉慶間劉姓建同治志

玉成橋 在縣西北三十一都硃頭村北清道光丙申年馬正炫建新纂

來山橋 在縣西北三十一都轂來莊里人建有黄鶴樓記乾隆李志

前黄橋 在縣西北轂來莊清同治七年黄如恆妻費氏建同治志下同

保惠橋 在縣西北轂來莊里人建

打石橋 在縣西北打石溪莊里人建乾隆李志

鎮東橋 在縣西北黄箭嶺下清嘉慶七年黄姓建道光李志道光五

年圯黃姓重建同治志下同光緒二十五年圯二十七年衆姓捐建

新纂

萬年橋　在縣西北石蒼莊清道光二十五年董孟敬孟品建

古平安橋　在縣西北三十二都富順鄉城后莊清道光元年監生馬潮清等捐建

福壽品濟橋　在縣西北馬村莊道光元年建道光李志

天成橋　在縣西北雙溪莊里人黃茂治卞乾偉捐建同治志下同

竹溪橋　在縣西北三十三都崇安鄉古竹溪莊清乾隆四十年錢文廣建

永寧橋　在縣西北樹藏嶺下清嘉慶五年暨邑樓武建同治六年張恆泰捐資重建

長生橋　在縣西北五十六都東土鄉上巖潭莊清同治七年里

人樓道生重建

保善橋　在縣西北馬溪莊清嘉慶間建道光李志下同

保佑橋　在縣西北巖潭莊清嘉慶間馬佝本建

廣陵橋　在縣北一里乾隆李志下同

獨松橋　在縣北十里

了溪橋　在縣北二十里

龍門橋　在縣北二十里同治志

碑山橋　在縣北二十里乾隆李志

鶴澗橋　在縣北南山堂莊道光李志

厂坑橋　在縣北二十五里乾隆李志下同

王沙橋　在縣北三十里

仙巖橋　在縣北三十里清嘉慶間王則化捐建同治六年水圮

里人復捐修砌以石欄同治志

永遠橋　在縣北三十里道光李志

強口橋　在縣北三十里乾隆李志

飲虹橋　在縣北三十五里清道光二十五年白巖徐自鑑建同治志下同

太平橋　在縣北三十五里

楊坑橋　在縣北三十五里清嘉慶二十二年獅巖坑陳德進建

招福橋　在縣北三十七里

梯雲橋　在縣北四十里石門山下塘邱李則先建道光李志下同

棧橋　在縣北二十三都清乾隆三十七年江村董維熊建

永安橋　在縣北二十一都陸家溪里人王啓杰等捐建

望仙橋　在縣北四十里舊名嵊浦橋明萬歷元年主簿吳祺重

建崇禎五年山陰胡氏徙建去舊址十步後爲洪水衝斷布以竹木屢修屢壞清康熙六年知縣張逢歡捐俸二十兩 縣丞胡玒捐俸四兩典史毛鼎鉉捐俸二兩邑進士尹巽助銀二兩鄭二生助銀七十兩幹首鄭生沈全等延僧自一募助易址重建洞橋乾隆李志 尹巽記略邑之嶀浦嵴石嶀屹宏江渺瀛竹亭松偃霧白烟青謝公之所垂綸錢王之所駐舸神明勝地也當台溫寧紹之衝馳車驟馬躡屩擔簦者日雜沓焉乃兩岸對峙而一帶橫流南北界絕矣漸帷濡轡攣肉瘃膚誰不臨河而歎橋其得已哉向曾駕石屢斷於馮夷緝綴竹木塗目前而已丙午張侯來嵊議建此橋欲更舊址擴以垂久即捐俸若干給序募助遠近聞之無不樂輸經始於丁未之夏落成於戊申之秋用若干工費若干鏹是役也不惟濟溱之輿跨渭之木惠止一人一世已也 後圮嘉慶二十四年僧大昌募捐重建平橋道光李志下同

永年橋　在縣北五十五里清嘉慶二年里人黃士俊同僧源順募建

廣濟橋　在縣北五十五都溪頭莊自嵊達郡陸路孔道清乾隆

三十四年里人捐建同治志

長橋　在縣北六十里乾隆李志下同

沐恩橋　在縣北六十里舊爲木橋明弘治間邑人鄭鍔易甃以石按鍔舊作岳

虎嘯橋　在縣北南墺莊

蔣岸橋　在縣北七十里

渡

東津渡　在拱明門外三里嘉泰志作一里俗呼下東渡李志西南兩鄉暨新昌之水俱滙注於此溪面廣二三里許水激沙洄山流暴漲湍險異常爲剡中第一渡清乾隆五十年城鄉各莊捐田一百三十餘畝設渡船三隻俾潮神廟僧司其事道光李志道光二十年吳家位助義渡田四畝同治三年僧原化募捐后山竺千清田

十畝水口單亮乾田四畝置船兩隻棠溪吳承裕堂助田四畝同治志

南津渡　在應台門外嘉泰志作縣南一百五十步宋明置浮梁後易二渡船張志水經注江流翼縣轉注故有東流西渡焉東南兩渡通臨海汎單船爲浮航西渡通東陽聯二十五舟爲橋航萬歷府志清初建橋旋圮乾隆八年知縣李以炎置船爲渡鄉耆陳元嵩復建普慈菴置田二十五畝延僧募修又於南津捐資建木橋後易以石旋圮子承綸孫庠生堯光助渡船田五畝二分邑人沈維之同弟道之子福舟助渡田十畝乾隆李志李以炎記略剡錄云剡溪以有名清川北注遠與江接蓋山城而澤國也邑之西南二門外各有橋予既率士庶修南橋建西橋俱於乾隆八年落成民賴以濟踰南橋一里曰馬衜堂爲南津渡台溫之孔道舊亦設橋萬壑奔流橋當其衝不旋踵而圮嗣遇水涸則架木爲梁行者惴惴焉如跕鳶之欲墮水滂則綴竹爲筏筏輕水悍險亦甚且舟子踞爲利藪循是而東曰仙人坑東南鄉入城者必由之溪較南津差隘而渡亦

以筏是二者民均病之夏令有之曰九月除道十月成梁凡以濟民者不利於橋盍設舟爲渡余乃捐俸錢爲倡卽於是年八月鳩工庀材建大舟一義民沈美中亦獨捐一舟盧世芳宋卜臣等又合捐一舟以一置仙人坑以一置南津渡遂撥育龍菴餘田十畝資舟子衣食而士民陳堯光沈維之等又各捐田共得三十一畝有奇戶立渡名收租輸稅悉由官而以時支給其費於是居民之往來四方商賈之輻輳咸得濟焉事竣乞余言記之爰舉其事與新捐田畝姓氏幷董事士民悉勒諸石焉

乾隆三十二年宋翰屏周廣志單孝先僧永寧等建船一隻置渡田三十二畝道光五年高聖采李德彩單明珂等建船一隻置渡田二十畝（道光李志）

西津渡　在來白門外（嘉泰志作縣西南二里）舊志二十五船爲航後廢今有橋（乾隆李志）

中渡　在縣東五里清乾隆間城鄉各莊捐田六十餘畝於渡口建永清菴設船二隻菴僧司其事道光七年棠溪貢生吴之湄建路亭以憇行人（道光李志）

楊溪義渡　在縣東五里艇湖山下里人捐建渡口有菴亭施茶同治志　節錄任湘楊溪義渡訪雪菴碑記渡於竹山渡爲上流中渡爲下流而介其中道光年間林君昭木陳君士良倡其議力勸林陳丁姓各助地與田若干畝爲義渡經費楊溪之復有渡自此始渡之東有路廊數楹名萬年亭創自徽人周某而派孫踵成之司事者僉曰渡不可無駐足所以備不虞議建一菴延僧持住爲永遠計而又慮費之無出也咸豐八年予與林君東山丁君吉軒等請捐各殷戶或田或錢共襄厥舉遂名其菴曰訪雪而楊溪一渡輒賴以成至咸豐十一年冬西逆踞城攫其地爲團防駐足馳焚之殆盡噫是菴成毀歲僅四稔予仍勸諸君子踵其事毋稍緩今會邑侯以修誌之役告爰舉是菴之起訖歷敍以載邑乘

浦口渡　在縣東十五里乾隆李志總管廟前

竹山渡　在縣東十五里乾隆李志剡溪黄澤兩江滙流水勢洶湧設二渡船以濟同治志

桃花渡　在縣東十五里清雍正十年監生吳熙述設渡船建永濟菴於東岸延僧司事乾隆李志嘉慶間因經費不足貢生吳國賢

監生吳忠傳復捐田建並濟菴以裕工食志下同道光李

金雞渡　在縣東十里有橋有菴葉竺魏車高盛衆助

朱塢山渡　在縣東十五里唐葉鄭衆姓捐設船一隻置田二十畝

湖頭渡　在縣東二十里魏姓捐設渡船

黄澤渡　在縣東二十五里乾隆李志

小砩渡　在縣南五里同治志

茅岸渡　在縣南八里乾隆李志作縣西同治志下同

下南田渡　在縣南八里

上南田渡　在縣南十里

潭遏渡　在縣南十五里

上碧溪渡　在縣南十五里

黄泥橋義渡　在縣南二十里清嘉慶間監生高天鼎等捐置田

山

湖塍渡　在縣南二十里橋裏莊乾隆李志下同

茶坊渡　在縣南二十里

瓜渚橋渡　在縣南二十里施家墺莊同治志

蒼巖渡　在縣南二十五里清道光二年捐置道光李志下同

三積渡　在縣南蒼巖莊

田東渡　在縣南三十里同治志

山頭渡　在縣西七里有橋乾隆李志下同

孟發渡　在縣西十五里明知縣孟文嘗勸農於此今有橋

倪家渡　在縣西二十五里有橋

求家墈渡　在縣西三十里有橋乾隆李志今改月印溪渡同治志

雅言樓渡舊名瓦窰頭　在縣西三十五里有橋道光李志

永慶渡　在縣西四十里石璜莊里人捐田二十畝爲修造渡船費同治十年建永濟亭又捐修橋費田十畝零同治志

珠溪渡　在縣西五十里水涸架橋東西兩岸設立路亭周煥生等捐置田地以給其費道光李志下同

開元鄉義渡　在縣西五十里周煥生等捐設南橋會田義渡菴司其事

横店渡　在縣西六十里太平鄉乾隆李志

剡源鄉義渡　在縣西三十七都里人捐田地十九畝置渡屋三間道光李志下同

長樂鄉義渡　在縣西六十里清道光五年貢生錢釗於村北小堰建義渡莊置田十二畝

三墜潭渡　在縣北二十里游謝鄉明知縣王淵捨船爲渡有田地以給舟人（乾隆李志）

西鮑渡　在縣北三十里清嘉慶間貢生沈鶴林捨田倡捐設船濟渡（道光李志）

黃石渡　在縣北四十里（乾隆李志）

馬塽渡　在縣北四十五里清嘉慶間沈鶴林倡捐濟渡（道光李志）

釣魚潭渡　在縣北五十里沈八家捐濟（道光李志）李塽莊李廷茂派暨李毓逵毓遲同捨田九畝地三畝渡船菴二間（同治志）

白沙渡　在縣北五十里（乾隆李志）

茶菴

市心茶亭菴〔李志〕清康熙四十九年鄉賓喻允尊暨喻懷三徐道佐各捐基址慈芳菴僧謚言出資築室以施長茶允尊捐田七畝子恭劭捐田二畝零恭超捐田七畝恭韶捐田二十五畝爲薪水費終年賴之〔同治志〕道光二十三年燬僧錦山重建咸豐辛酉寇燬同治四年重建

茶亭菴〔李志〕在縣前〔道光志〕清康熙七年西隅史孝嘉創建並捐田四十五畝零給僧法印永爲施茶費〔同治志〕道光庚戌范邨田被水衝史姓割畝修理本城張萬經贖回邑令敖彤臣合立西三圖史張茶亭菴戶

永濟茶亭菴〔同治志〕在城西關外應汝明同妻馬氏建

迎恩菴〔李志〕在北門外僧原宗建施長茶〔道光志〕乾隆十

一年趙華三派裔因菴址近祖墓捐貲重修並置田畝

南津渡菴 同治志 舊名普慈菴在高家渡南境廟東道光間移今地即梵教寺址

永清菴 道光志 在縣東五里中渡城鄉各姓捐建置田六十餘畝以爲中渡設船之費前爲通濟亭清道光七年貢生吴之渭建

崇信菴 道光志 在縣東康樂鄉三都清嘉慶間捐建置田五畝零道光七年棠溪吴之源捐茶田并塘八畝零吴之海捐田四畝零

永濟菴 同治志 在縣東十里康樂鄉蔣家埠前有路亭陳婁丁宋許五姓建并捐田施茶

訪雪菴 同治志 在縣東八里康樂鄉楊溪渡衆姓捐建前有

萬年亭好施者捐資烹茶

遠濟菴〔李志〕在崇信鄉嶤頭僧自相建以施茶並構木橋濟

渡

永濟菴〔李志〕在崇信鄉七都桃花渡清雍正二年吴熙述設

渡船於此因建菴募僧司事

並濟菴〔道光志〕在七都桃花渡清嘉慶間棠溪吴肇奎與從

姪吴宗傳因永濟菴舊費不支續置田三十畝復設渡船一隻

使菴僧司其事

東明菴〔道光志〕在崇信鄉大屋莊葉姓建置茶亭一區

普濟渡船菴〔同治志〕在縣東浦口鎮建菴捐田構木橋設渡

船總管廟僧司其事

善慶菴〔道光志〕在八九十都東郭莊設有茶亭〔同治志〕里

人竹辛三建

慶餘菴〔道光志〕在八九十都東郭善慶菴側竹君泰建置茶田四十餘畝以濟行人

廣濟菴〔道光志〕在八九十都宕頭清康熙閒尹奇顯與張金兩姓同建助田施茶

會雲菴〔道光志〕在八九十都白泥墈清康熙閒尹奇顯建大殿并茶亭助田施茶乾隆五十九年尹宜貴暨遠魁派孫重修嘉慶十九尹姓同僧宗亮建東四側屋山門路亭

勝化會〔道光志〕在八九十都下唐清康熙十九年唐性童後裔捐建并置田地延僧住持雍正七年唐明秀續捐田產爲施茶費

屛山菴〔道光志〕在縣東二十里湖濱魏氏建旁築路亭置田

施茶清道光六年僧明玉重修

金雞菴（同治志）在兹節鄉東郭莊里人竹水巖捨基建倡捐田地三十餘畝四時設立橋渡以濟往來行人亦東剡之要區也

恆德菴（同治志）在縣東十一都恆路莊胡樂羣建置田十餘畝道光間其裔孫德裕旁建茶亭置田五畝零施茶同治八年胡增森妻徐氏遵夫命捨田二畝零監生經魁捨田二畝零建

洗雲菴（同治志）在縣東金庭鄉十三都晉溪前有路亭姚姓建

西谷義菴（張志）在十四都陳公嶺麓明王文高設長茶以濟渴（道光志）道光六年裔孫倡捐重修增建路亭

滙流菴（道光志）在縣東孝嘉鄉十五都松溪水口王姓建撥

右軍祀田十八畝永思祀田十畝零以給施茶松溪渡等費招僧司其事

慶善菴 同治志 在忠節鄉十七都葛竹菴外建路亭有古松一株

甘露菴 李志 在縣北餘糧嶺東永寧院前明崇禎間里人童法建捐田三十畝施茶清康熙七年僧本頂重葺

善護菴 道光志 在十九都僧大昌重建三瑞亭五間 同治志 各莊捐田共六十餘畝爲茶渡費

普濟菴 同治志 在十九都乾隆間尹士英捨基張顯祖建顯祖又與亮錦秀仁助菴并茶亭共田山三十餘畝

積慶菴 同治志 在遊謝鄉二十都仙巖明成化四年王道原創建旁有亭施茶置田三十餘畝

太平菴（張志）在縣北靈芝鄉二十一都明崇禎間僧智和建茅房施茶置田六畝零後廢（道光志）清康熙間僧自一重建壬午沈繼美捐增茶房路亭又捐田十八畝會稽周榮華捨田五畝乾隆間改造太平亭癸丑沈鶴林重修

三慶菴（道光志）在縣西崇仁鄉湖下張式龍廉鈞式錟等創建捐田二十餘畝歸住僧收息以爲烹茶費

廣濟菴（同治志）在永富鄉二十八都呂家橋乾隆四十年建敬思派孫捨基助田施茶族人永修

福祿菴（同治志）在二十八都石姥嶺等清雍正五年建敬思派孫捨基助田施茶族人永修

望梅菴（同治志）在縣西四十里石姥嶺下前有路亭明萬曆間裘岐岡建有施茶田

煮茗菴〔道光志〕在二十九都崇仁五廟之西明永樂庚子裘惟忠建清乾隆辛丑派孫重修

萬福菴〔同治志〕在二十九都王家寺裘本行捐建有路亭

崑菴〔道光志〕在縣西富順鄉黃箭嶺明嘉靖二十年黃茂四於菴前建路亭一區施茶〔同治志〕同治七年僧元瑞重建茶亭三間

觀音井菴〔同治志〕在縣西五十里三十都九曲嶺坂頭莊陳居武建捨茶田十畝零

永福菴〔道光志〕在三十四都清道光七年邢克恕瑞芳同建置茶田以濟行旅

永濟菴〔同治志〕在三十五都水磨灣等道光間周岐山派捐建外有茶亭置茶田十餘畝長樂錢沛捐田十畝

護福菴（道光志）在三十六都下城陳聖標同室丁氏建置田十六畝零并於甘霖鎮大廟捨茶田十畝零

成裕菴（道光志）在太平鄉三十八都清嘉慶二十二年邢模建又建田祖廟一所旁築路亭以施茶

鈞潭菴（道光志）在太平鄉三十九都道光五年國學生邢洪貢生劉以觀倡捐廊基重建各莊捐置田畝施長茶

義渡菴（道光志）在開元鄉

廣福菴（同治志）在四十二都棗園開元周瑞卿建捐田施茶咸豐十一年燬同治七年派孫重建如舊

南橋菴（道光志）在開元鄉四十二都周士豐與華初捐施田地當開元長樂之衝橋渡賴焉

義渡菴（道光志）在繼錦鄉四十三都上下沙地捐助置田十

餘畝

降福菴【同治志】在縣西桃源鄉四十六都尹家村後尹華一建置田十畝爲香火施茶之費

義渡菴【同治志】在禮義鄉孟愛莊嘉慶間裘張范周魏錢姓倡捐裘慶富等重建

蒼巖橋頭菴【同治志】在縣南二十五里五十二都

毛竹菴【同治志】在縣南五十二都蒼巖

龍泉菴【同治志】在縣南二十五里五十二都蒼巖明俞思源建清咸豐辛酉燬同治七年其裔孫鴻等重建置田施茶

潭遏橋頭菴【同治志】在縣南十五里五十三都

路亭

施恩茶亭 〔道光志〕在城南門外清雍正間邑令施三捷建尋圮乾隆間下鹿苑寺僧一輪重建道光七年剡源鄉錢姓同僧永妙重修菴田一百一十餘畝〔同治志〕咸豐辛酉燬錢姓與永妙徒孫元禮元悌重建

小休亭 〔道光志〕在北門外清道光四年朱貫元重建置田十畝爲施茶費

永濟亭 〔道光志〕在北門外清乾隆五十四年監生袁國輔建邑令唐仁埴有記道光六年監生張萬年重建

天興寺茶亭 〔同治志〕在南橋方山鄉一都

阮廟路亭 〔同治志〕在縣南十里一都

廣福菴茶亭 〔同治志〕在縣南十里一都章姓建置產施茶

福麟菴路亭　同治志　在縣南五里一都

長壽亭　同治志　在縣南十八里方山鄉姥山麓

潮神廟茶亭　道光志　在縣東五里清乾隆五十年建城鄉各莊共捐田一百三十餘畝歸僧收息以爲東津渡船木橋及長茶之費

萬年亭　同治志　在縣東八里康樂鄉楊溪渡

永濟亭　同治志　在縣東十里康樂鄉蔣家埠

康樂茶亭　同治志　在縣東二十里康樂鄉過港

新路茶亭　同治志　在縣東崇信鄉五里大屋道光間監生葉自麟建置茶田三畝零

永濟菴茶亭　同治志　在崇信鄉　道光志葉方荄記昔邵子云以爲此言事事都有造化淵乎微矣夫一言之發鐘鼓錫之一行之貞馨香薦之可不謂造化之在人心乎予世家艇陽之東

岸聚而居饒有江州之風焉歲甲寅族叔仲翁年六旬以水利事與予向宮保李訴謳共赴臨安備嘗辛苦時維溽暑道艱於飲抵南關望仙茶亭鼎試龍頭湯開蟹眼相與啜茗少憩心甚肯之因顧謂予曰我與若村西不數武有花橋下臨渚流洽然善也旁列喬蔭調調之刁刁者時散曦影於清蔭而且南北爲經往來於此多有五里一短十里一長之思焉誠得構小閣數楹汲薪煮茗以濟行客以厭人心不猶令之望仙也哉無何言歸載許遽爾溘逝此事幾成畫餅矣豈造物者不欲玉成歟不然何不少假以年而顧奪公之速耶越明年翁嗣某念遺言之在耳悲先業之未成偕前村妹丈妻某協力同心予亦間從襄事其際不數月而斯亭落成焉有上人某者剡南白龍潭開山也錫飛過此相與語大悅爰挹彼注茲不惜分潤且慨然願以身任其責邑中賢豪若某某者解囊割腴而襄盛舉以垂永久亦皆爲善最樂者也夫野馬氤氳相吹以息三萬六千場誰非抱情而處者乃當其薾然疲役則思入於善一旦安樂雖素所關情之人有隔膜置之者矣間有一二自好之士爲善於鄉其或幸而成不幸而敗觀於當世得失之林可慨也夫若翁者一言激發惻然見天地之心雖未親見之行而卒使巧償其言既不至抱甕灌畦又不爲獨絃哀歌所謂存心於世於物必有所濟者非耶將見浮花可供齒頰常芬即梓里亦藉以增輝矣予也樂其事之有成因掇其巔末以見人心之天之大可恃而造物之不可憑而實可憑於是乎書

羅星亭〔同治志〕在縣東十五里崇信鄉七都棠溪魏敦廉跋棠溪吳氏望族也村西數百武一望平疇繡壤交錯環以長堤隱若城郭柳陰一帶鶯語千聲堤以外巍然高矗者爲羅星亭複瓦鱗排高甍俯啄柱礎階垣甃以文石翠挹星峯綠環了水凡遊人之登眺墨客之往來攜酒賦詩停驂話別皆憩是焉今年春予謁選北行諸親友送予於此此景此情令人依依不忘也爰識數語以抒別臆至於羅星之說術家詳之不復贅云

惠雲菴茶亭〔道光志〕在八九十都邑人張懷禮同繼妻儲氏置田十餘畝竺虞佐有記見藝文志

朱塢山茶亭〔道光志〕在縣東十五里清乾隆間東林王桓凝捐建置田二十餘畝爲四時施茶之費

飛鳳茶亭〔同治志〕在縣東二十五里筮節鄉同治七年貢生魏鑑唐建路亭捨沛字號修理田二畝零白雲山僧省徹捨沛字號茶田五畝零僧性空捨沛字號茶田二畝零

石蟹茶亭〔道光志〕在十一二都清嘉慶二十三年丁道烈妻

李氏建置田八畝

通寧茶亭〔同治志〕在縣東三十五里金庭鄉嘉慶十年州司馬魏詩建捐田六畝正施長茶

招福茶亭〔道光志〕在十三都晉溪姚源裕建

白佛堂茶亭〔道光志〕在青山頭

崇福菴茶亭〔道光志〕在忠節鄉貢生王世清捐建

石井龍亭〔道光志〕在忠節鄉貢生王啓豐倡建置田施茶

超然亭〔同治志〕在忠節鄉十六都堂塢嶺同治八年屠致中單逸亭合建路亭置田山十畝餘爲施茶費

土瑰嶺路亭〔同治志〕在忠節鄉十六都

水口路亭〔同治志〕在十六都咸豐六年單義俊子重建

小柏路亭〔同治志〕在忠節鄉十六都

虬松路亭 同治志 在忠節鄉十七都葛竹莊有古松故名

漁倉路亭 同治志 在忠節鄉石門單禮耕建奉母命施茶

西祠路亭 同治志 在忠節鄉十七都唐田東通寧奉西接餘上

松園路亭 同治志 在十七都壺潭道光壬寅王峕玉建

金山路亭 同治志 在十七都晦溪金山橋

了溪茶亭 道光志 清道光三年監生張萬年倡建捐田十一畝 同治志 在縣北遊謝鄉十九都

三瑞亭 同治志 在十九都三瑞潭

清風路亭 道光志 在二十一都 同治志 靈芝鄉清風祠前

太平亭 道光志 在二十一都 同治志 縣北嶀浦

普潤茶亭 道光志 在二十一都清康熙間沈繼美等捐助置

田三十畝零以給茶費嘉慶丙子沈日華等又建凉亭三楹以憩行旅

石山亭 道光志 在二十一都

泗洲路亭 同治志 在崇仁鄉二十三都箝口莊

鹿暈巖下路亭 同治志 在二十三都裘服膺建

石礄頭路亭 同治志 在二十四都淡竹莊裘聖科作元捐建

柏城墓菴茶亭 同治志 在縣西北十里孝節鄉大洋嶺等袁氏捨田十餘畝施茶

普濟菴茶亭 同治志 在縣西十五里孝節鄉清雍正間馬驊剏建道光間大半被燬馬傳經建復捐置田畝載碑

肖廟路亭 同治志 在縣西二十五里仁村

秋湖亭 同治志 在二十六都趙馬莊

西爽路亭（同治志）在孝節鄉二十六都李家宅溪東亭三間內菴廡十二間李維城闢祖業作基同馬維理張持中裘福元李道孝集資建置產十餘畝勒碑

龍吟茶亭（道光志）在永富鄉龍吟嶴清道光七年捐建

文星亭（同治志）在永富鄉二十八都文昌閣左有聯云筆峯東峙瞻山秀硯岫西來滌水清

紫氣茶亭（同治志）在富順鄉三十都富順莊東坂張必諫建旁有墓菴置田施茶

增福路亭（同治志）在縣西四十五里三十都福坑口東北有洞橋上下有亘二廟

宅前茶亭（同治志）在三十都下相莊道光二十八年相廷蘭捐建

八角亭（同治志）在縣西四十里三十都天字坂作一村水口

繼述亭（同治志）在富順鄉三十一都界牌嶺道光間監生馬鎮南建施茶

竹林菴茶亭（同治志）在崇安鄉三十三都淡竹莊趙友忠等捐建

倒嶺菴茶亭（同治志）在崇安鄉三十三都淡竹莊道光十二年金廣才建圯十六年張信魁等捐建

四通茶亭（同治志）在崇安鄉三十四都夏相宋繼述建道光志作夏必沾建設置田十二畝施茶

嶺下茶亭（道光志）在三十四都嶺下張球建置有田畝（同治志）同治五年董運通重捐田施茶

石屋茶亭（同治志）在縣西四十五里三十四都石屋爲通諸

暨孔道清乾隆間樓大名等倡捐合建圯同治六年樓仁炘重建菴三間路亭三間捐田十餘畝施茶

飲淥茶亭（同治志）在縣西崇安鄉丁家莊亭三間後菴三間兩廡內供文武二帝像同治八年里人丁禹源以祖汝槐遺命建并助田十畝零爲茶費

八角亭（同治志）在崇安鄉三十四都溪西莊

錫福菴茶亭（同治志）在縣西剡源鄉三十七都山口咸豐辛酉燬同治己巳錢姓重建錢曰青有碑記

新路茶亭（道光志）在三十七都瓊田清道光六年諸生錢允升暨弟允功建置有田畝并修砌道路行人德之

聽泉亭（道光志）在三十七都瓊田舊名聽泉樓清順治間建後圯嘉慶十八年廩生錢登鼇暨諸生登昌登三允升重建改

今額

聽松菴茶亭（道光志）在三十七都錢晴山建

遠塵亭（同治志）在三十九都太平鄉主廟左宋里人邢達曾建後廢清同治六年闔鄉捐資重建幷捐田十畝零施茶

墅屋坪茶亭（道光志）在三十九都劉達明建

細路長茶亭（道光志）在三十九都清嘉慶間邢宗望建

雙溪橋茶亭（道光志）在長樂鄉清道光二年錢釗建置田十六畝零有東陽徐大酉胡鈞碑記

九曲嶺茶亭（同治志）在長樂鄉四十都黃沙潭道光二年里人捐建咸豐辛酉燬同治七年職員過蘭芬重建

金絲嶺茶亭（同治志）在縣西南四十都同治七年錢沛建置田五畝零

黄泥塘茶亭〔同治志〕在長樂莊南道光六年錢釗建置田五畝零

寨嶺茶亭〔同治志〕在縣西六十八里長樂鄉道光間錢釗重建

點石茶亭〔道光志〕在縣西石佛橋清嘉慶二十一年貢生錢珍建置田十一畝零

廣福茶亭〔道光志〕在繼錦鄉四十三都羅村清嘉慶二年錢沈氏建道光二年子世裕捐田十畝以爲薪水之費

遥源茶亭〔道光志〕在四十三都新橋頭清康熙間周聖被建捨田三十畝

蘆坊茶亭〔道光志〕在四十三都湖頭鄭姓捨基十方捐助茶田二十餘畝

淨土菴茶亭〔道光志〕在積善鄉八斗穀嶺清嘉慶間僧端理募建

永濟茶亭〔道光志〕在四十四都小嶺頭周村大溪西景山合建

望樂亭〔同治志〕在積善鄉四十四都蒼葭嶺清同治間捐建施茶

廣濟茶亭〔道光志〕在在四十四都湯家灣

環水亭〔同治志〕一名文昌閣在縣西桃源鄉黃勝堂村後乾隆乙卯呂慶叔福名捐建道光乙未福名子國勳重修東陽盧梁記

惠泉茶亭〔道光志〕在桃源鄉甘霖鎮清道光五年里人重修捐田延僧烹茶

化成茶亭〔道光志〕在桃源鄉清嘉慶十二年顯淨寺僧端理建

秀水菴茶亭〔道光志〕在清化鄉四十八都支鑑路國學生史義和建置有田畝

千佛巖茶亭〔道光志〕在四十八都雅堂金肇桐建置有田畝

增福茶亭〔道光志〕在四十八都馬槽岡范村張竺二姓建

張家山茶亭〔道光志〕在四十八都范村東爲西北各莊要路舊有亭久廢清道光五年貢生張謨倡捐重修并捐田以給茶費

永福茶亭〔道光志〕在四十八都范村竺應氏建

普濟茶亭〔道光志〕在四十八都溪濱置有田畝

福壽菴路亭〔同治志〕在縣西清化鄉四十八都招龍橋袁益

武建

永福菴路亭〔同治志〕在清化鄉四十九都白泥墩王三元泰建

石門茶亭〔道光志〕在禮義鄉五十一都白巖清康熙間張姓建置田四畝零

可止亭〔同治志〕在縣南禮義鄉五十一都黃茅屋嶺道光間捐建施茶

蒲棚嶺茶亭〔同治志〕在五十一都華德昭連昭建道光間捨山

大邱巖茶亭〔道光志〕在五十一都清道光五年陳文忠建置田六畝零

後童茶亭〔道光志〕在五十二都蒼巖清道光四年貢生俞濟聖建

上橋茶亭 【道光志】在五十二都蒼巖清乾隆間置田五畝零

上經堂茶亭 【道光志】在五十二都蒼巖清嘉慶間重建

文武廟茶亭 【同治志】在縣南二十里昇平鄉五十三都黃泥橋莊

馬衕堂茶亭 【李志】清康熙庚午喻允尊建捐田十七畝零

望剡亭 【道光志】在三界烏龍山麓清道光二年僧靜修建

永福茶亭 【同治志】在縣北五十五里德政鄉五十五都溪頭

嵊縣志卷二終

嵊縣志卷四

賦役志戶口　田賦　田額表

古者以生齒之登耗任民材後世以賦調之苛繁重民困清代滋生人口永不加賦著爲令史筬稱仁政焉然黄圖編審有司遂具文視之丁口多寡以意爲增損而已至賦役則近承明制順治間釐定全書盡除啓禎時加派横征之弊至乾隆而法益大備焉咸同之際軍事繹騷東南册籍燬於兵官吏或因緣爲奸而莫可究詰自左文襄奏定課則減紹屬糧二十餘萬民困稍紓矣然法久弊生猶有影射飛洒之習成於下帶徵加徵之事嚴於上司會者愼之哉作賦役志

戶口

宋

大中祥符四年剡戶三萬二千五百七十八口五萬五千六百

嘉泰元年戶三萬九千七百九十二口五萬三千五百七十七不成丁一萬七千四百七十八

嘉定七年戶三萬三千一百九十四口五萬八千七百一十三

元

至元二十七年戶四萬六千二百八十二口七萬四千五百三十八

大德十一年戶三萬八千二百口四萬七千三百七十六

明

洪武二十四年戶二萬八千七百六十五口九萬三千六百九十二

永樂十年戶二萬二千三百八十五口七萬七千

天順間戶一萬八百五口四萬九千五百三十九

成化八年戶一萬六百三十一口五萬二千四百三十八

又割會稽二十五六兩都入嵊增戶一百六十五增口三千八百三十四舊志作弘治十三年割入誤

弘治五年戶一萬四百三十三口四萬二百一十一

嘉靖二十年戶一萬一千三百口二萬一千六百一十八

萬歷三十七年戶一萬一千六百一十二口五萬八千七百一十七內市成丁每丁科銀一錢二分一釐市不成丁每丁科銀六分二釐三毫鄉成丁每丁科銀一錢四分四釐七毫米一升四合七勺鄉不成丁每丁科銀八分七釐一毫米一升四合七勺

按明制官吏庶民俱有司閱具戶口名數赴運司支鹽而計口散給官吏每口食鹽一十二觔市民每口食鹽六觔納鈔一貫鄉民每口食鹽二觔二兩五錢鄉米四升三合一勺二抄五撮迨後闕支運撥多曠日耗費遂不復赴領而鈔米仍納如舊隆慶間知縣薛周定額市民鹽鈔銀每丁五釐一毫七忽四微一塵二渺四埃六沙鄉民鹽糧米每丁五升六合八勺四抄六撮

一粟八粒每丁又派額辦坐辦銀二分三釐六毫雜辦銀四分三毫七絲均徭銀三分三釐一毫民壯銀二分一釐三毫至萬歷時知縣施三捷酌定額數清仍之又按元豐九域志有主客戶主客丁元時有南北戶南北口明萬歷間又分民戶軍戶匠戶官戶生員戶醫戶捉捕戶弓兵皂隸戶水馬夫戶窰冶戶諸名色清惟別以紳戶衿戶民戶竈戶而紳衿例得免差

清

原額人丁一萬八千有四內分市民成丁鄉民成丁市民食鹽鈔鄉民食鹽鈔四項府志口之賦二曰鹽鈔曰鹽糧米俱責辦於市鄉成丁之人今以不成丁者作食鹽之數與明少異又向合衆口爲戶今則以丁抵戶是一萬八千四口實則一萬八千四戶非有登耗之殊也

康熙六年清出人丁一十五口共一萬八千一十九按田地人丁向分兩項原因田地額係一定而丁口歲有增除難以歸併然有戶絕人亡者名曰赤脚光丁即欲僉報頂補胥役賣富栽貧錢糧無著官民兩病不若攤派田糧之爲得也查浙省丁銀有照糧照田之別即如紹屬八邑山陰蕭山諸暨餘姚皆照糧起丁惟上虞新昌及嵊照田起丁而嵊自明隆慶間知縣薛周將丁銀派入三辦均徭即已隨田徵輸末季仍籍人丁窮民竄徙避徵不堪其累清初知縣吳用光仍循舊例派丁民困始蘇其例市民田五十畝聽一丁鄉民田二十五畝聽一丁至順治十三年頒行賦

役全書又另
行分派云

康熙五十二年欽奉上諭嗣後直隸各省滋生人丁永不加賦而
嵊邑審增一千四百三十八口實計一萬九千四百五十七口

康熙六十年原報原額人丁一萬九千八百八十口

雍正四年實在人丁二萬八百一十八口

雍正九年編審舊管人丁二萬三百一十二口新收人丁二千一百八十九口開除人丁一千六百八十三口實計二萬八百一十八口內市民成丁一千四百四十七口除原額完賦外實滋生土著市民一百七十口鄉民成丁一萬四千一百七十二口除原額完賦外實滋生土著鄉民一千八百一十口市民食鹽鈔丁二百四十四口除原額完賦外實滋生土著市民食鹽鈔丁八十二口鄉民食鹽鈔丁四千四百四十九口除原額完賦外實滋生土著鄉民食鹽鈔丁七百七十九口統計滋生人丁二千八百三十九口永不加賦

乾隆元年編審統計增除實在額報人丁二萬一千六百四十口

乾隆五年十一月欽奉上諭每歲仲冬各省督撫將各州縣戶口增減詳悉摺奏部議自辛酉年編審後舉行卽不值編審之年照保甲門牌所列戶口除去流寓人等將土著數目造報不必挨查滋擾卽可得其總數以仰副皇上周知民數預爲籌畫之至意

乾隆六年編審新收人丁二千四百九十口開除人丁一千八百一口實計二萬二千三百二十九口內市民成丁一千四百九十三口鄉民成丁一萬五千二百八十八口市民食鹽鈔丁二百八十六口鄉民食鹽鈔丁五千二百六十二口　以上李志

乾隆五十六年戶口册嵊縣戶五萬五千三百二十四戶男女大小丁口三十三萬四千七百八十七丁口李府志

嘉慶二十五年編審戶口舊管煙戶六萬四千零八十五戶男婦大小丁口四十二萬六千一百八十九丁口外新收煙戶一千

二百三十九戶男婦大小丁口一萬一千五百十五丁口開除煙戶九百九十九戶男婦大小丁口一萬零四百六十六丁口實在煙戶六萬零九十七戶男婦大小丁口四十二萬六千九百二十八丁口內男大丁十四萬一千一百九十六丁男小丁八萬五千八百五十五丁女大口十二萬八千六百八十三口女小口七萬一千一百九十四口

道光元年編審戶口開除外實在煙戶六萬四千一百零七戶男婦大小丁口四十二萬七千四百零九丁口內男大丁十四萬一千二百八十七丁男小丁八萬五千八百八十六丁女大口十二萬八千八百五十四口女小口七萬一千三百八十二口

同治八年編審戶口舊管煙戶三萬三千四百二十五戶男婦大小丁口二十一萬七千六百四十七丁口外新收煙戶一千四百九十八戶男婦大小丁口九千八百五十九丁口開除煙戶一千四百八十九戶男婦大小丁口九千八百四十五丁口實

在煙戶三萬三千四百三十四戶男婦大小丁口二十一萬七千六百六十一丁口內男大丁六萬七千二百七十一丁男小丁四萬九千八百四十八丁女大口六萬零三百二十七口女小口四萬零二百一十五口

按市民鄉民徵銀米數及食鹽鈔徵銀數俱載賦役全書見田賦志

嘉慶五年五月初二日紹興府百奉布政使司劉批發嵊縣民人劉元高等呈控該縣書役王沛沾等勒令圖甲輪充地保墊糧應比一案批地保只有領催之責並無應比之條嵊縣催徵錢糧專比地保并押令墊完以致無人充當此役該縣復著圖甲輪充如有代保侵蝕錢糧勒令圖甲賠完此與勒令殷戶充當地保莊長何異仰紹興府出示嚴禁餘照縣詳批示遵並蒙藩憲核據該縣具詳前由批據詳該縣原設里長十甲輪充一里之中設立九人專司催糧緝匪名曰九圖自雍正年間須行順莊良法將九圖等項概行革除仍設總保應聽圖中無業之人投充詎該縣先令里耆議舉已屬非是復將催糧一事全責成總保按卯比追該保受責難堪有措銀墊完之累以致里耆不敢議舉總保該縣竟將數十年革除九圖之良法復令輪充總保此等按戶圖輪者悉係耕讀良民焉肯充保受責不得不僱人代當至代當之保侵蝕錢糧仍係輪圖之人賠完此與勒

令殷戶充當地保莊長何異該縣向復飾詞瀆辯大屬藐玩仰紹興府出示嚴禁一面敘案詳參毋稍輕貸各因到府查是案前據該縣廩生張霖等具控當飭嚴行革除究報續據劉元高等具控復飭嚴查禁革毋任經差混擾在案茲蒙前因除飭縣遵辦外合行出示嚴禁爲此示仰嵊邑書役士民等知悉嗣後總保一役應聽圖內無業之人投充毋庸先令里耆議舉即充保者亦只責令領催不得按卯比追以致畏埶不充不舉復令圖甲輪充使耕讀良民不得不僱人代當一經代當之保設有侵蝕錢糧仍係輪圖之人賠完誠如憲批與勒令殷戶充當地保莊長何異自示之後仍遵照順莊催輪該書役如敢仍前舞弊病民一經訪聞或被告發定即親提究辦至王積弊既除爾花戶等尤宜踴躍輪將毋蹈抗納之咎特示

道光七年邑令李式圃保甲議保甲之法昉於周官族師五家爲比十家爲聯五人爲伍十人爲聯四閭爲族八閭爲聯使之相保相受刑罰慶賞相及相共比長令五家相受相和親有皐奇衺則相及是鄉遂之民各爲保伍各相教治而弭盜之善政卽寓其中漢置游徼亭長唐設里正坊正邨正皆以督察奸匪明王文成撫南贛令居城郭者十家爲甲在鄉邨者邨自爲保於是立十家牌使每甲自糾甲內之人不得容留賊盜則審察易而防閑密奸慝既無所容而盜賊自息誠禁暴化民之要術也嵊邑在府城東南二百餘里介兩郡四邑之間山深地僻疆宇遼闊易隱姦宄余涖任以來時有報竊而匪徒聚博者亦不

少我朝嚴申保甲飭令州縣實力編查以靖閭閻歷奉大憲頒發規條下縣亦屢經轉飭遵辦倘不能眞實奉行何以戢姦暴而安善良近出示徧諭自城廂以至各鄉圖每百家爲一甲每一甲分十家爲一牌每甲公舉甲長一人每牌各舉牌長一人各將人戶姓名丁口年歲於所發册內逐一詳細塡明送交牌長牌長再交甲長並具實無來歷不明藏匿匪類切結彙交各圖地保於每月朔將册呈縣留爲循册再一本查照塡明爲環册俟下月朔繳呈將循册領回以便隨時登校自此循去環來無難查察境內或有盜竊即令其自相挨緝各甲內如隱漏不報并治同甲之罪亦即奇衺相及之義惟檄飭差保查辦恐專事搪塞并難保無滋擾之虞今特諭鄉之衿耆督令編查自不視爲虛文甲長牌長均須誠實曉事之人各衿耆務必詳愼公舉毋稍疎忽瞻徇至領送册籍應令地保一人到縣甲長牌長俱不必偕來如此可無胥吏之擾每日各家須輪流沿門稽察俾盜賊無能藏跡且使皆講信修睦互相懲勸則小民知爭鬭之非而詞訟可以簡彼此有守望之助而外侮可以禦同甲有相親相保之誼而風俗可以淳除莠安良化民成俗之道實在於此誠能行之久而弗懈將見封境謐清俗尚敦厚比閭族黨之中不僅衺匿潛消安堵無恐而同其休戚盡其親睦洗心革面不喁喁然共享太平之福哉　以上同治志

宣統元年統計册男女大小丁口二十六萬九千四百九十五　新纂

田賦

宋

嘉定咸淳閒籍田三十六萬七千三百一十二畝

貢未詳

夏戶人身丁錢五千八百八十九貫八百五十文

綢九百二十疋二丈六尺三寸

絹一萬一千三百六十七疋三丈二尺六寸

綿五千九百七十七屯一兩六錢五分

秋苗米一萬九千九百二十七石四斗一合九勺

淳熙閒和預買絹一萬七千九十八疋二丈二尺五寸

寶慶志太宗時馬元方爲三司判官建言方春民用乏絕預貸官錢至夏秋冬輸絹爲官曰和買然止一時權宜及熙寧新法乃行之天下而浙東紹興爲尤重後來錢旣乏支而所買之額不除建炎閒累詔寬減淳熙十六年又特減舊額用紓民力

役錢二萬一千九百七貫七百三十文

水陸茶錢七百四十貫一百一十七文

職田米三百三十三石七斗

小綾錢二百五十疋折錢一千五百四十二貫二百五十文

折帛錢五萬三千五百三十四貫五百三十五文

折紬綿五千二百一十九兩

折稅絹麥二百九石五斗

折苗糯米四百八十三石四斗

乾隆李志支移折變八邑多寡不同惟會稽以攢宮所在得免其餘尚有經制錢總制錢頭子錢朱墨勘合錢各名色無晰數可稽故不載

課利租額二千五百九十三貫七百二十一文遞年趁到三千五百五十一貫六百七十七文

酒租額一萬二千七百七十四貫九百二一文遞年趁到四千五百八十六貫六百六十六文

元

大德至正間籍田三十八萬二千四百六十八畝三角三步

貢玉面貍額未詳

至元間官民田正米九千二百五十八石二斗四升九合免糧田正米五百三十石七斗六升四合六勺

元時有夏稅麥租鈔酒醋課鈔稅課鈔曆日鈔茶課鈔鹽課鈔諸款無可查核故仍舊志止載秋糧米數云

明

洪武二十四年籍田土六千六百八十八頃五十四畝五分二毫

內田四千一百一十六頃九十二畝六分有奇地一千五百五十三頃九十三畝有奇山九百六十一頃七十三畝有奇塘五十五頃九十六畝有奇

永樂十年籍田土六千四百八十九頃二十三畝有奇（內田四千一百一十六頃五十畝有奇地一千三百五十四頃九十二畝有奇山九百六十一頃七十七畝有奇塘五十六頃四畝有奇）

成化八年籍田土六千四百九十九頃一十七畝七分有奇後撥會稽二十五六兩都入嵊增田土五百五十四頃三十二畝五釐五毫（內田四千一百零六頃六十一畝弱會稽撥增田二萬八千四百一畝地一千三百六十四頃七十四畝四分有奇會稽撥增地六千六百六十四畝七分三釐五毫山九百七十一頃七十七畝有奇會稽撥增山二萬二百三十三畝五分七釐塘五十六頃五畝五分有奇會稽撥增塘一百三十二畝七分五釐）

成化十年知縣許岳英度田土七千一百四十三頃六畝二釐四毫（內田四十三萬七千一百五十四畝一分五毫地一十四萬三千二百五十畝五分四釐四毫山一十二萬八千一百二十七畝二分五釐二毫塘五千七百七十四畝一分二釐三毫俱分別官民兩項）

隆慶四年知縣薛周度盈田二百頃五十七畝九分（時因歷年坍缺以所度盈田粮攤於四則田內以補其數而田土之額如故間粮減未盡及盈出山塘入儒學贍士）

萬歷九年知縣姜克昌度盈田土十七頃三十畝四分八釐五毫統計合邑田土畝量攤減而不加賦

萬歷二十四年知縣王學夔履勘歷年坍荒田土共一十七頃九十畝四分五釐五毫除抵九年盈數外將缺額田糧均攤合縣而民困始蘇

萬歷三十七年知縣施三捷訂立全書計田土七千三百四十八頃二十六畝五分四釐七毫內一則田每畝科銀四分八毫米一升四合四勺四則田每畝科銀三分八釐米八合一勺遊謝一則及各鄉四則遊謝長樂四則每畝均科銀三分四釐八毫米不科地每畝科銀九釐二毫山每畝科銀二釐三毫塘每畝科銀一毫　明初有官田寺觀田站田餘田民田而官田又分職田才賦田平糴田廣利田沒官田斷沒官田俱免差徭寺觀例存香火田三十六畝因其時僉民戶充糧長解納北折賠累傾家惟寺觀不與故民田多詭寄寺觀曰續置田以圖倖免餘田分義沒莊田學院田二項民田凡四則一磡田二塘田三坑田四天田各則科米又分四等各視其鄉爲多寡地有官地寺觀地學院地天漲地民地山有官山民山寺山塘有官塘民塘寺塘等則繁多歲久滋弊隆慶時知縣薛周戛平之以官寺站田及民田之一二三則者曰一田四則者仍曰四田米無多寡而科有重輕其地山塘又各均爲

一則後遊謝長樂二鄉援往例告減乃以遊長之一則準各鄉之四則若遊長之四則又視各鄉爲更輕焉於是民均稱便今仍舊稱曰一田曰四田而於遊長之四則俗稱遊四田以别之近更訛遊爲由莫知所自矣

洪武時貢芽茶八觔成化時撥會稽二十五六兩都入嵊又增十觔附會稽縣解又有玉面貍活竹雞雜色皮弓箭弦絲金綫桑穰皮派入額辦銀起解不徵本色

洪武二十四年夏税麥三百九十二石七斗六升九合四勺

苗麥四百二十八石六斗二升四合八勺

税鈔七百九十一貫一百九十三文

秋糧米一萬七千七百八十石八升二合

租鈔七千四百三十九貫五百一十九文

賃房鈔一百一十四貫三百二十五文

永樂十三年米一萬七千九百八十二石六斗五升二合一勺

租鈔七千四百七十三貫三百二文

成化八年秋糧米一萬七千八百六十五石五斗八合會稽撥增一千八百六十石九斗三升六合六勺

租鈔七千五百三十一貫七百九十文會稽撥增租鈔九百六十九貫四百三十七文

弘治五年秋糧米一萬九千六百八十六石九斗四升九合三勺

租鈔一千七百錠一貫二百七十二文

楊炎定兩稅唐以後遂爲定法夏稅毋過八月秋稅毋過明年二月州縣徵輸各以其時爲斷舊志於永樂成化弘治止載秋糧周海門亦謂舊志夏稅數多互異以隆慶時爲的

隆慶間夏稅麥八百七十二石七斗四升四勺

稅鈔一百七十一錠二貫七百八十四文內起運者一曰京庫麥倉麥曰定海廣安倉麥曰本府泰存留者四曰本縣儒學積庫鈔曰農桑額徵絹俱折色

秋糧米一萬九千五百一十九石五斗四升四合七勺

租鈔一千六百七十七錠三貫一百一十二文二分內起運者四曰京庫北折米曰南京各衞倉南折米曰水兌正米曰派剩米一解太倉一解光祿寺存留者四曰本府預備倉米曰餘姚常豐三倉米曰常豐四倉米曰本府泰積庫鈔亦折色惟常豐三四倉本折各半其折價多寡不同至天啓二年知縣黃廷鵠申請秋米盡改折色每石定價八錢順治初衞軍復撓成議欲仍運米索費知縣羅大猷奉文酌議每石定價一兩加貼解費二錢共銀一兩二錢郡志明時有北折南折備折存折扣折改折海折等款南北折以輸兩京扣備海等折以輸軍門或年有年無而存留本色若存折備折則以供官吏軍伍之俸及饑年之賑

萬歷間本色米四千九百七十二石九斗五升二合六勺條折銀二萬四百六十六兩七錢三分九毫

零積餘米二十一石二斗二升六合九勺折銀二十八兩四分八釐八毫

兵餉銀五千四百三十一兩九錢三分八釐六毫二絲九忽二微六塵

明嘉靖三十四年越有倭患海寇汪五峯復乘機擾亂沿海郡縣朝廷發兵捕勦因于正賦外加派畝分總制胡宗憲始全浙派銀共四十七萬五千四百餘兩而嵊縣分派五千四百三十一兩九錢有奇民困重斂後巡撫趙炳然劉畿奏減之考之郡志嵊時額解止二千七百四十三兩六錢四分九釐何以至萬歷間奏減之後尙有此數而舊志又稱舊額煩多也不可考矣

東餉銀六千六百六十六兩六錢七分九釐萬歷四十八年每畝加銀九釐九毫八絲

馬價銀四百五十六兩九錢七分

寧波府志先是永樂間河南荒歉馬政無辦暫借浙中人戶丁糧近上之家編爲馬頭到彼應直正德間浙江巡撫按御史車梁奏革馬頭于田丁內均派徵銀解府轉解布政使交納聽彼驛上司差官領回雇役應當遂以爲常浙民累有陳奏未得豁免國朝順治九年裁扣充餉

府站銀一千七百一兩九錢七分三釐三絲

明成化八年撥會稽縣兩都入嵊而民苦于役嘉靖間知縣陳宗慶請將東關驛歸併曹娥驛然驛雖裁而壩夫館夫等項仍派銀帮貼萬歷十八年裁減壩夫銀七十九兩六錢七釐至清代漸次裁扣而協濟之累始免之

油榨銀一兩二錢七分六釐

門攤鈔一十九兩八錢一釐三毫三絲

課程額徵鈔一百二十七錠二貫九百四十五文折銀一兩二錢七分五釐八毫九絲

課程古關市之徵也宋茶酒礬鹽皆官自賣之元設曆日鈔明初置稅課局大使領之歲辦諸色課稅并商稅課程皆收鈔後鈔壅不行乃以課鈔降依時價折銀視原價不及十之一萬曆間并罷官吏附縣帶徵清順治初課程諸名色無定例康熙十六年奉文始定稅契等額

稅課額徵鈔二千一百四十二錠四貫八百八十文折銀二十一兩四錢二分九釐七毫八絲

額辦銀二百六十二兩五錢三分六毫五絲八微内有硝鹿皮狐狸皮銀　桐油銀　藥材銀　弓箭弦條銀　胖襖褲鞋銀俱解府轉解

坐辦銀一千三百五十兩四錢二分一釐八毫遇閏加增内有牲口銀　果品銀　蠟茶銀　菜笋銀　南京并布政司曆日紙料銀　淺船料銀　漆木料銀　軍器民七料銀　四司工料銀

歲造緞疋銀　茶芽銀俱由府轉解

雜辦銀二千三百七十二兩五錢七分六釐八毫六絲遇閏加增

内有本府拜進表箋綾函紙劄銀　本縣拜賀習儀香燭銀　祭祀合用豬羊品物銀　諭祭銀　縣祭銀　文廟　啓聖祠二祭銀　社稷山川厲壇祭銀　鄉賢名宦祠祭銀　清風祠祭銀　陳侯祠祭銀　鄉飲酒禮銀　迎春芒神土牛春花三牲酒席銀　上司并府縣門神桃符銀　科舉禮幣進士舉人牌坊銀　武舉供給筵宴盤纏銀　歲考生員試卷果餅激賞花紅紙筆併童生果餅進學花紅銀　提學道考試生員搭蓋篷廠工料銀　季考生員試卷果餅激賞花紅紙筆銀　起送科舉生員酒禮花紅卷資路費及各官陪席銀　筵宴新舉人合用捷報旗匾銀　花綵緞旗酒禮銀　起送會試舉人酒席路費卷資銀　會試舉人水手銀　歲貢生員路費并旗匾花紅酒禮銀　孤老花布米柴銀　三院司道按臨并本縣朔望行香香燭講書紙劄銀　三院觀風考試試卷果餅激賞花紅紙劄筆墨銀　布政司清軍道公用紙劄銀　按察司直堂公用銀　交際公費銀　兵巡道巡歷心紅紙劄油燭柴炭士夫交際公費銀　巡視海道交際公費銀　三院查盤委官駐劄合送心紅油燭柴炭書吏公給造册紙張銀　上司各衙門并府縣及查盤取用卷箱架扛鎖索棕罩白牌等項銀　部運南

糧委官水手銀　省城各上司到任隨衙下道家伙等銀　貢院雇稅家伙募夫等銀　上司經臨及一應公幹官員合用心紅紙劄油燭柴炭門廚阜隸米菜銀　本縣新官到任祭門猪羊酒果香燭銀　府縣陞遷給由并應朝官員起程復任公宴祭門祭江猪羊二牲酒果香燭等項銀　府縣心紅紙劄等銀　庫器路費銀　戰船民六料銀　雕塡漆匠役銀　省城募夫工食銀　上司并公幹員役經臨本縣中火宿食廩糧飯食等銀　經臨公幹員役辦送下程油燭柴炭銀　上司經臨并過往公幹官員合用門阜銀　雇夫銀　本府越望亭并執傘夫本縣修造座船銀　雇馬銀　雇船銀　修城民七料銀　修理本縣城垣銀　修理府縣廳堂公廨監房土地祠等處并新官衙宇銀　修理本縣公所衙門銀　修理儒學教官衙宇銀　修理府縣鄉飲公宴祭祀新官上任齋宿幕次器皿什物及經過公幹官員轎傘幃褥等銀　司道衙門書吏工食銀　修理官船水手等銀　預備雜用銀　表箋通數銀　協濟昌平州銀　三院司道取給舉人貢士路費卷資銀　獎賞孝子節婦善人米布銀　按察司進表水手銀　修理院司公館家伙什物銀　恤刑按臨合用心紅紙劄油燭柴炭吏書供給銀

均徭銀共一千八百五十三兩一錢七分三釐九毫六絲五忽　南京額班直部柴薪皁隸銀　南京直堂把門看倉看監隸兵銀　解京富戶銀　撫院健步銀　按院轎傘夫銀　鹽院完字號

座船水手銀　布政司解戶銀　馬丁銀　左布政司員下聽事夫銀　督糧漕務道轎傘夫銀　分守溫處道聽事夫銀　按察司巡視海道皁隸銀　兵巡紹台道轎傘夫銀　兵巡溫處道甲首銀　兩浙運司將盈庫看守募丁銀　本府柴薪皁隸銀　皁隸銀　甲首銀　泰積庫役銀　司獄卒銀　捕盜應捕銀　新官家伙銀　府學齋夫銀　膳夫銀　本縣柴薪皁隸銀　馬丁銀　門子銀　皁隸銀　獄卒銀　捕盜應捕銀　巡鹽應捕抵課役銀　新官家伙銀　歲貢生員赴京路費銀　預備倉經費役銀　書手銀　修理倉廒家伙銀　盤量羅夫銀　風車簟銀　紙劄銀　常豐二倉經費役銀　看守布政分司按察分司府館門子銀　三界公館門子銀　三界稅課局抵課巡攔銀　上管儲林天姥三鋪司兵銀　驛使銀　縣前五里仙巖禹溪八里五鋪司兵銀　南門渡渡夫幷修船銀　本縣儒學齋夫銀　膳夫銀　門子庫子掃殿夫銀

啓聖公祠門子銀　教官家伙銀

明制供御用曰歲進供四用曰歲辦歲辦之中分類徵派有額辦坐辦二差國家大課例不擾免官府公費曰雜辦惟官員舉貢生員優免三辦皆十年輪轉九年併力一年坊里之長當雜辦往往傾其家嘉靖四十五年御史龐尚鵬以雜辦酌爲定費均派概縣丁田每歲給輸糧入官令執事者領銀供辦不役坊里長其二辦亦年年均輸無併力之艱是爲三辦均平役分銀

力二差十年以次輪編分別戶之三等配以煩簡輕重胥吏得上下其間弊孔百出嘉靖四十八年餘姚知縣周鳴壎議將銀力二差一槪徵銀雇募亦經龐尚鵬題准通行隆慶元年餘姚知縣鄧喬材謂夏稅秋糧及三辦內織悉名色不下三四十項歷陳多科重徵謀收侵盜諸弊請將各色額稅併爲一主徵收名曰一條鞭派徵則攢爲一總起解則分項開銷盡除贈耗收頭及欺勒小戶之弊具呈三院如議通行後頒其法于天下而賦額大率祗二項曰本色米條折銀其不入條鞭者惟鹽糧鹽鈔油榨門攤等項而已嵊至萬歷間始行此法知縣施三捷重纂全書而規制畫一矣　以上乾隆李志

附錄

明潘晟均平田賦碑記剡邑弟子員胡夢龍尹汝陽持均田平賦碑記遠示余乞一言弁諸首余於誼不敢辭余邑於剡接壤歷覩前令鮮有聞於其[illegible]者壽春薛侯令茲邑獨能懸明秉公約己節用凡一切蟊蠹厲民之政悉舉而更張之殊已凜然易覩聽矣至於田賦坍塌既甚又多至百有餘則飛詭沿百餘年積弊有不可勝言者侯乃廣集衆議獲請於當塗選取里胥者民強幹者將原額官民寺站山田地共六七十萬畝有奇逐一測量田則以新墾補坍塌之數賦則祗取足原額而盡戛平之略倣神禹則九州之遺意觀侯之覆議可槪見矣然而富室豪橫之徒猶有媒孽其令思以自便其私者使非當路知侯之深任侯之篤其不至於自焚溺者幾希矣古云民可與樂成不可與慮始豈不信哉雖然慮始固難樂成尤爲未易也昔

余邑宋侯度田平賦最爲盡善今未三十年而府庫之籍散逸幾半余每請緝續之竟未有能傳其美者今剡籍已成又以其議鐫諸石矣二生歸其諗於邑之士民自今以後盍相與思侯之苦心其存侯之美政毋徒惡其害已而思去其籍如余邑之可歎也如此則侯亦永有利賴於剡矣

黄廷鵠改折秋糧議

嵊爲溪山磽埆之區土田呰窳刈穫微薄民間口食歲歎呼庚今謂嵊之去衛三百餘里運米爲易而衛之去餘姚數十里貿米爲難其謬一也軍士如不願改折則昔年餘新二縣又何以帖然樂從乎謂樂于五錢之折而不樂于七錢之折其謬二也時先議折七錢也本邑於運米一節賠累百端自官司而隸卒自鄉紳而細民人人蒿目疾首故敢控血瀝誠哀籲當軸莫一邑之蘇息今以通邑所禱祝而求者而謂糧戶突生釁端其謬三也邊城雖無屯種然米價常可五錢而以七錢爲折每歲所餘不啻九耕之餘即此可備緩急矣如果風塵有警彼糧戶能逋課於無事者非能效命於有事者也無已則徵兵轉餉石室別有籌畫即各邑脣齒相關休戚一體寧復以常調拘拘者哉其謬四也即今雖云運米其實軍民兩從私便大抵多歸於折矣有所偏利於題僉則曰願折而有所均惠於黎庶則曰不願折於情於事然乎否乎其謬五也祇緣本邑梟棍積蠹與該衛旗舍侵牟饕餮互相首尾此不顧民害而彼不顧軍害每陳請一番則必梗撓一番即該衛官亦不覺墮其雲霧中爾其謬六也時邑人周太僕汝登喻中丞安性咸贊成之嵊邑徵解之累

始甦　陳宗慶請裁東關驛揭嵊邑小役繁原無驛遞自成化八年奏撥會稽兩都帶來差役始有東關協濟其初止編館夫一十二名及扛解等費縣派銀一百三十兩解府轉發彼縣幫值自役會稽之民設計陸續行文加增又派水夫二十七名壩岸夫銀二百八十餘兩然亦俱是解銀幫貼至嘉靖二十四年寧波府白推官委掌紹興府印查盤本驛會稽之民其心不厭告令本縣照遵於每年徭役編派大戶解驛當值山縣小民懼見官長况地遠人疎但從雇募驛邊光棍代役其役每官價一兩坐取三兩後且倍之近甚至十三四兩又有酒禮見禮使用且不從實支值往往誤事取罪則又復捐本役納罪罪一兩者勒至五六兩或自出身承當則驛旁棍徒復拴串黨徒於過往承差及賓客僕從多方唆使極稱徭戶殷實廪給口糧可折乾若干不聽則皮鞭撻之又木石捶之或索綑懸弔之必可乃已輪流當值往往家破人亡爲民牧者痛心切骨看得曹娥東關二驛可合爲一驛夫一驛合則費可省而本縣之夫役可裁伏維裁決

清

乾隆李志按順治十三年命戶部右侍郎王宏祚將各省額定徵收起存總撒實數編撰成帙名曰賦役全書錢糧則例俱照萬曆年間其啓禎時加派盡行蠲免地丁原額以萬曆刊書爲準除荒以覆奉俞旨爲憑若九釐銀增前書所未載宗祿銀改

存留爲起運漕白悉依舊額行月必令均平胖襖盔甲解本色者易爲改折南糧本折留南用者抵作軍需經費定有新規裁冗改歸正項本色顏料銅錫茶蠟等項已改折者照督撫題定價值開列解本色者照刊書價值造入須布天下官民遵爲令式又康熙二年左布政司袁一相條議錢糧既以一條鞭徵收亦應以一條鞭起解除輕齎淺貢行月解糧道站銀解驛道鹽課解運司採辦本色解府外凡部寺各項彙爲一條解司司又自分款項解部嗣後遂無紛紜之弊

原設版圖八十二坊里今編順莊三百九十二莊

原額田四千四百五十八頃二十三畝二釐四毫各鄉田則詳下

各鄉一則田二千三百九十六頃二十六畝七分六釐五毫康熙六年爲清查各省等事案內丈出田一頃五十畝五釐三毫康熙三十三年爲遵例開墾事案內開墾陞科田一畝六分五釐八毫雍正十一年爲加陞田塘糧銀事案內地塘改爲田三畝二分八毫正　實該田二千三百九十七頃八十一畝六分八釐四毫每畝徵銀六分七釐該銀一萬六千六十五兩三錢七分二釐八毫二絲八忽　每畝徵米八合二勺該米一千九百六十六石二斗九合八勺八撮八圭

遊仙鄉幷各鄉四則田一千九百五頃三十二畝三分七毫康熙六年爲清查各省等事案內丈出田一頃一十一畝一分一毫　康熙三十一年爲確查開報陞科事案內開墾陞科田三分　康熙三十三年爲遵例開墾事案內開墾陞科田八畝四分　雍正七年爲欽奉上諭事案內首報田一畝七分七釐　雍正十一年爲確查開報陞科事案內陞科田五十二畝三分六釐二毫又爲加陞田塘糧銀事案內地改田五十畝九分三釐三毫　雍正十二年爲確查開報陞科事案內陞科田五畝一分二釐一毫又爲加陞田糧事案內地山改田六十畝五分三釐　乾隆元年爲確查開報陞科事案內陞科田五十三畝八分二釐八毫又爲加陞田糧事案內地山塘改田二頃三畝八釐一毫　乾隆八年爲確查開報陞科事案內陞科田五十八畝三分九釐三毫二絲又爲加陞田糧事案內地山改田四十二畝一分一釐四毫　乾隆十七年爲確查開報陞科事案內陞科田一頃二十八畝六分一釐六毫又爲加陞田糧事案內地改田四十一畝三分三釐七毫　乾隆二十八年爲確查開報陞科事案內陞科田一頃二十九畝九分九釐三毫又爲加陞糧銀事案內地山改田二頃一畝五分四釐六毫　乾隆三十五年爲確查開報陞科事案內陞科田三十三畝六分四釐九毫又爲加陞糧銀事案內地山改田三十畝一分七釐四毫　乾隆三十八年爲確查開報陞科事案內陞科田二十五畝一分

五釐又爲加陞糧銀事案內地改田四頃二十五畝三分九釐四毫　乾隆三十九年爲確查開報陞科事案內陞科田二十三畝五分六釐七毫　乾隆四十年爲確查開報陞科事案內陞科田二十五畝七釐一毫又爲加陞糧銀事案內地山改田四畝四分三釐七毫　乾隆四十一年爲確查開報陞科事案內陞科田一畝六釐九毫又爲加陞糧銀事案內地改田二十七畝二分七釐五毫　乾隆四十六年爲確查開報陞科事案內陞科田一十七畝七釐二毫　乾隆五十一年爲確查開報陞科事案內陞科田二十三畝八分七釐五毫又爲加陞銀糧事案內地改田三十一畝九分八毫　嘉慶元年爲確查開報陞科事案內陞科田十七畝七分六釐五毫　實該田一千九百二十三頃六十一畝一分三釐八毫二絲每畝徵銀六分二釐五毫該銀一萬二千二十二兩五錢七分一釐一毫三絲七忽五微　每畝徵米四合三勺該米八百二十七石一斗五升二合八勺九抄四撮二圭六粟

遊長鄉四則田一百五十六頃六十三畝九分五釐丁毫乾隆元年爲加田糧事案內地改田一十一畝四分六釐六毫　乾隆八年爲確查開報陞科事案內陞科田三分三釐三毫　乾隆三十八年爲確查開報陞科事案內陞科田五畝四分五釐三毫　乾隆四十年爲確查開報陞科事案內陞科田三畝八分三釐四

毫又爲加陞糧銀事案內地山改田五畝八分二釐八毫　乾隆四十六年爲確查開報陞科事案內陞科田二十七畝一分六釐三毫又爲加陞糧銀事案內地改田四畝一分八毫　乾隆五十一年爲確查開報陞科事案內陞科田一十二畝五分二釐五毫又爲加陞糧銀事案內地改田一畝二分二釐三毫實該田一百五十七頃三十五畝八分八釐五毫每畝徵銀六分一釐二毫該銀九百六十三兩三分六釐一毫六絲二忽

原額地一千五百頃三十畝八分二釐康熙六年爲清查各省等事案內丈缺地一頃一十九畝七分八釐一毫　雍正七年爲欽奉上諭事案內首報地一畝　雍正十一年爲確查開報陞科事案內陞科地二頃四畝五分一釐七毫　雍正十二年爲確查開報陞科事案內陞科地二畝七分五釐　乾隆元年爲確查開報事案內陞科地二頃九十二畝三分八釐八毫又爲加陞田糧事案內山改地四畝七分一釐二毫　乾隆八年爲確查開報陞科事案內陞科地一頃三畝九分四釐七毫　乾隆十七年爲確查開報陞科事案內陞科地九十二畝二分又爲加陞田糧事案內山改地三畝四分二釐六毫　乾隆二十八年爲確查開報陞科事案內陞科地七十六畝九分五釐三毫又爲加陞糧銀事案內山改爲地一十一畝一分三釐五毫　乾隆三十五年爲確查開報陞科事案內陞科地三畝四分五釐七毫　乾隆三十八

年爲確查開報陞科事案内陞科地五十九畝六分七釐　乾隆四十年爲確查開報陞科事案内陞科地二畝二分九釐八毫　乾隆四十一年爲確查開報陞科事案内陞科地五畝四分四釐九毫　乾隆五十一年爲確查開報陞科事案内陞科地五分五釐九毫　除雍正十一年爲加陞田塘糧銀事案内地改爲田塘除地五十三畝六分七釐二毫　雍正十二年爲加陞田糧事案内地改爲田除地五十四畝四分五釐二毫　乾隆元年爲加陞田糧事案内地改爲田塘除地二頃一十二畝五分八釐四毫　乾隆八年爲加陞糧銀事案内地改爲田除地三十九畝六毫　乾隆十七年爲加陞田糧事案内地改爲田除地四十一畝三分三釐七毫　乾隆二十八年爲加陞糧銀事案内地山改爲田地山除地二頃九畝三分六釐六毫　乾隆三十五年爲加陞糧銀事案内地山改爲田除地三十畝七釐四毫　乾隆三十八年爲加陞糧銀事案内改地爲田除地四頃二十五畝三分九釐四毫　乾隆四十年爲加陞糧銀事案内地山改爲田除地九畝七分六釐五毫　乾隆四十一年爲加陞糧銀事案内地改爲田除地二十七畝二分七釐五毫　乾隆四十六年爲加陞糧銀事案内地改爲田除地四畝一分八毫　乾隆五十一年爲加陞糧銀事案内地改爲田除地三十三畝一分三釐一毫　嘉慶元年爲確查開報陞科事案内陞科地三畝三分二釐　實該地一千四百九十六頃三十八畝六分五

釐六毫每畝徵銀一分六釐三毫該銀二千四百三十九兩一錢一分九絲二忽八微

原額山一千三百二十六頃三十畝二分三毫康熙六年爲清查各省等事案內丈出山八十八畝八分四毫　乾隆二十八年爲加陞糧銀事案內地山改爲山六畝八分八釐五毫　除雍正十二年爲加陞田糧事案內山改爲田除山六畝七釐八毫　乾隆元年爲加陞田糧事案內山改爲田地除山三畝八分　乾隆八年爲加陞田糧事案內山改爲田塘除山四畝　乾隆十七年爲加陞田糧事案內山改爲地除山三畝四分二釐六毫　乾隆二十八年爲加陞糧銀事案內地山改爲田除山九畝二分　乾隆三十二年爲加陞糧銀事案內地山改爲田除山一分　乾隆四十年爲加陞糧銀事案內地山改爲田除山五分　實該山一千三百二十六頃九十八畝七分八釐八毫每畝徵銀四釐該銀五百三十兩七錢九分五釐一毫五絲二忽

原額塘六十三頃四十二畝五分康熙六年爲清查各省等事案內丈出塘三十三畝五分三釐二毫　雍正十一年爲確查開報陞科事案內地改爲塘八分三釐一毫　乾隆元年爲加陞田糧事案內地改爲塘一畝四分五釐八毫　乾隆八年爲確查開報陞科事案內陞科塘四分六釐九毫又爲加陞田糧事案內山改爲塘八分九釐二毫

乾隆三十五年爲確查開報陞科事案內陞科塘二畝一分一釐三毫　乾隆四十六年爲確查開報陞科事案內陞科塘八分七釐五毫　乾隆五十一年爲確查開報陞科事案內陞科塘四分七釐九毫　除雍正十一年爲加陞田糧事案內塘改爲田除塘一畝三分　乾隆元年爲加陞田糧事案內塘改爲田除塘三分　實該塘六十三頃八十一畝五分四釐九毫　每畝徵銀一毫八絲該銀一兩一錢四分八釐六毫七絲八忽八微二塵

原額戶口人丁一萬八千四丁口　市鄉人丁詳下

市民成丁人口一千三百七口　每口徵銀一錢二分一釐該銀一百五十八兩一錢四分七釐

市民食鹽鈔人口一百九十一口　每口徵銀六分二釐三毫該銀一十一兩八錢九分九釐三毫

鄉民成丁人口一萬二千六百六十一口　康熙六年清出人丁一十五丁口　實該成丁一萬二千六百七十六口　每口徵銀一錢四分四釐七毫該銀一千八百三十四兩二錢一分七釐二毫　每口徵米一升四合七勺共該米一百八十六石三斗三升七合二勺

鄉民食鹽鈔人口三千八百四十五口　每口徵銀八分七釐一毫該銀三百三十四兩八錢

九分九釐五毫　每口徵米一升四合七勺該米五十六石五斗二升一合五勺

每田三頃四十二畝六分八釐派市民成丁一口

每田二十三頃四十四畝九分六釐派市民食鹽鈔丁一口

每田三十五畝三分三釐派鄉民成丁一口

每田一頃一十六畝四分八釐派鄉民食鹽鈔丁一口

以上田地山塘人丁等項共徵銀三萬四千三百六十一兩一錢九分七釐五絲一忽一微二塵　一加顏料新加銀三十三兩四錢四分九釐八毫七絲五忽　一加蠟茶新加銀一十一兩三錢七分四釐二毫三絲七忽二微一塵　一加顏料時價銀七兩九錢六分五釐九毫四絲一忽四微六渺二漠五埃　一加蠟茶時價銀二兩一錢九分六釐二絲九忽一微二塵五渺　一加藥材時價銀三兩三錢三分八釐三毫一絲二忽一微二塵五渺　一加匠班銀四十一兩八錢一分四釐　以上六款每年于地丁項下每兩帶徵　一加收零積餘米一十八石八斗六升六合五勺九抄三撮一圭今每石改徵銀一兩該銀一十八兩八錢六分六釐五毫九絲三忽一微　一加孤貧口糧米七十二石今每石改徵銀一兩該銀七十二兩

統共實徵銀三萬四千五百五十二兩一錢九分六釐六毫三絲九忽八塵六渺二漠五埃乾隆五十二年奉文存留共歸起運其年例應給存留各款按題赴藩庫請發轉給仍于嘉慶四年分奉文應給存留銀兩留縣支給照例造入題銷冊内分别收支造報核銷

共徵米三千三十六石二斗二升一合四勺三撮六粟除收零積餘米一十八石八斗六升六合五勺九抄三撮一圭除孤貧口糧米七十二石

實徵米二千九百四十五石三斗五升四合八勺九撮九圭六粟

外賦入地丁科徵稅課局課鈔銀五兩均徭編徵抵裁冗兵餉隨糧帶徵即在地丁編徵之内

外賦不入地丁科徵銀二十三兩六錢三分六釐六毫五絲内鹽課苦滷稅銀三兩每兩車珠一分七釐該銀五分一釐不入田畝科徵

本縣課鈔銀一兩二錢七分五釐八毫九絲原係市鎮舖行出辦歸經費用今歸入地

糧編徵

稅課局課鈔銀一十六兩四錢二分九釐七毫六絲原係市鎮鋪行出辦歸經費用今歸入地糧編徵

薦新芽茶一十八觔每觔價銀一錢六分該銀二兩八錢八分原係茶戶出辦今歸入地糧編徵

以上地丁外賦共實徵銀三萬四千五百七十五兩八錢三分三釐二毫八絲九忽八塵六渺二漠五埃每兩徵耗羨銀五分該銀一千七百二十八兩七錢九分一釐六毫六絲四忽四微五塵四渺三漠一埃二纖五沙

起運銀三萬一千九百五十七兩九錢三分三釐二毫四絲三忽二微八塵八渺六漠三埃六纖六沙鋪墊解損滴珠路費銀一百四十兩四錢六分二釐二毫四絲八忽二微九塵六渺六漠一埃三纖四沙內

戶部本色銀一百五十兩二錢八釐二毫九絲一忽六塵二渺五漠鋪墊解損滴珠路費銀九兩二錢六分八釐七毫三絲六忽九微九塵七渺五漠內

顏料本色銀一十一兩一錢一分五毫九絲七忽六微五塵六渺

二漠五埃鋪墊解損路費銀四兩二錢五釐七毫六微二塵五渺徵銀解司另款解部充餉

顏料本色加增時價銀七兩九錢六分五釐九毫四絲一忽四微

六渺二漠五埃每年纂入由單頒發徵輸另款解司彙充餉用

顏料改折銀一十二兩五錢六分三釐四毫六忽二微五塵鋪墊解損

路費銀四兩三錢五分一釐一毫五絲八忽七微五塵徵銀解司另款解部充餉

顏料改折加增時價銀三十三兩四錢四分九釐八毫七絲五忽

不入科則每年于地丁項下每兩科加徵銀解司另款解部充餉

蠟茶本色銀一十五兩二錢六分七釐五毫七絲五忽八微七塵

五渺徵銀解司另款解部充餉

蠟茶本色加增時價銀二兩一錢九分六毫二絲九忽一微二塵

五渺每年纂入由單頒發徵銀另款解司彙充餉用

黄蠟折色銀四十九兩五分六釐二毫七絲一忽路費銀五錢二分五釐八毫三絲七忽六微七塵五渺徵銀解司另款解部充餉

黄蠟加增時價銀一兩七釐八毫三絲三忽五微路費銀一分七絲八忽二微三塵五渺不入科則每年於地丁項下每兩科加徵銀解司另款解部充餉

芽茶折色銀四兩七錢七分六釐一毫二絲三忽七微五塵路費銀四分七釐七毫六絲一忽二微三塵七渺五漠徵銀解司另款解部充餉

茶芽加增時價銀六兩三錢九分八釐九毫七絲五忽路費銀六分三釐九毫八絲九忽七微五塵不入科則每年于地丁項下每兩科加徵銀解司另款解部充餉

葉茶折色銀二兩五錢六分六釐二毫五絲路費銀二分五釐六毫六絲二忽一微徵銀解司另款解部充餉

葉茶加增時價銀三兩八錢五分四釐八毫一絲二忽五微路費銀三分八釐五毫四絲八忽一微二塵五渺不入科則每年于地丁項下每兩科加徵銀解司另款解部充餉

以上共地丁銀一百四兩四錢九分六釐三毫四絲五忽三微一塵八渺七漠五埃

新加銀四十四兩八錢二分四釐一毫一絲二忽二微一塵

時價銀一十兩一錢五分六釐五毫七絲五微三塵一渺二漠五埃

戶部折色銀八千七百二十九兩八錢七分三釐一毫八絲二忽八微四塵八渺二漠滴珠路費銀八十六兩八錢三分八釐九毫二絲三忽七塵四渺一漠一埃三纖四沙內

折色銀八千六百四兩七錢二分九釐七毫六絲四忽六微二塵八渺二漠滴珠路費銀八十六兩八錢三分八釐九毫二絲三忽七塵四渺一漠一埃三纖四沙

康熙六年丈量陞科銀一十七兩五錢七分六釐六毫八絲四忽九微六塵

康熙三十一年陞科銀一分八釐七毫五絲
康熙三十三年陞科銀六錢三分六釐八絲六忽
雍正七年陞科銀一錢二分六釐九毫二絲五忽
雍正十一年陞科銀九兩一錢二分九釐五毫六絲二忽五微八塵
雍正十二年陞科銀三兩二錢三分六釐一毫三絲二忽九微
乾隆元年陞科銀一十八兩一錢二分一釐一毫五絲九微四塵
乾隆八年陞科銀七兩三錢四分四釐八毫六絲二忽八微八塵
乾隆十七年陞科銀一十一兩一錢一分八釐二毫六絲九忽二微
乾隆二十八年陞科銀九兩三錢七分八釐八毫九絲六忽四微
又加陞科銀九兩二錢九分三釐六毫九絲九忽七微

乾隆三十五年陞科銀三兩一錢五分九釐七毫九絲一忽九微

四壁

又加陞科銀一兩三錢九分五釐二毫六絲八忽八微

乾隆三十八年陞科銀一兩九錢五釐五毫九絲八忽六微

又加陞科銀九錢七分二釐六毫二絲一忽

又加陞科銀一十九兩六錢五分三釐二毫二忽八微

乾隆三十九年陞科銀一兩四錢七分二釐九毫三絲七忽五微

乾隆四十年陞科銀一兩八錢三分九釐三絲五忽七微

又加陞科銀四錢七分二釐八毫一絲六忽六微

乾隆四十一年陞科銀一錢五分五釐六毫三絲一忽二微

又加陞科銀一兩二錢六分一毫五忽

乾隆四十六年陞科銀二兩七錢二分九釐五毫三絲三忽一微

又加陞科銀一錢八分四釐四毫四絲九忽二微

乾隆五十一年陞科銀二兩二錢六分七釐九毫一絲五忽四微二塵

又加陞科銀一兩五錢二分九釐六絲二忽三微

嘉慶元年陞科銀一兩一錢六分四釐四毫二絲八忽五微

以上共地丁銀八千八百一十六兩七錢一分二釐一毫五忽九微二塵二渺三漠一埃三纖四沙

禮部本色銀八兩三錢二分七釐二毫一絲二忽一微二塵五渺袋袱簍　路費銀七兩五分四釐四毫五絲內

薦新芽茶折徵銀二兩八錢八分黃絹袋袱旗號簍損路費銀六兩

藥材本色銀六錢七分七毫四絲八忽三微二塵九渺津貼路費銀三錢三分五釐三毫七絲四忽一微六塵四渺五漠徵銀解司另款解部充餉

藥材改折銀一兩四錢三分八釐一毫五絲一忽六微七塵一渺津貼路費銀七錢一分九釐七絲五忽八微三塵五渺五漠徵銀解司另款解部充餉

藥材加增時價銀三兩三錢三分八釐三毫一絲二忽一微二塵五渺每年纂入由單須發徵輸另款解司彙充餉用

以上共地丁銀九兩一錢六分三釐三毫五絲不入田畝外賦

芽茶折徵銀二兩八錢八分藥材時價銀三兩三錢三分八釐三毫一絲二忽一微二塵五渺

禮部折色銀五十二兩五錢七分八釐八毫路費銀四兩九分三釐三毫八絲

以上共地丁銀五十六兩六錢七分二釐一毫八絲

工部本色銀三十五兩五錢二分七釐三毫六絲五忽鋪墊路費銀二十二兩五錢八分七毫七絲五忽二微二塵五渺

本色桐油銀六兩六錢一分七釐八毫四絲二忽五微墊費銀二二十兩二

錢九分一釐六毫八絲徵銀解司另款解部充餉

桐油改折幷墊費銀二十八兩九錢九釐五毫二絲二忽五微路費銀二錢八分九釐九絲五忽二微二塵五渺徵銀解司另款解部充餉

以上共地丁銀五十八兩一錢八釐一毫四絲二微二塵五渺

工部折色銀一千八百七十兩二錢四分四釐八毫七忽路費銀六兩五分六釐二毫八絲三忽內

折色銀一千八百二十八兩四錢三分八毫七忽路費銀六兩五分六釐二毫八絲三忽

匠班銀四十一兩八錢一分四釐

以上共地丁銀一千八百三十四兩四錢八分七釐九絲

田畝帶徵匠班銀四十一兩八錢一分四釐

裁改存留解部充餉銀一萬四百二十九兩三錢三分七釐三毫

五絲七忽九微八塵七渺九漠三埃六纖六沙路費銀四兩五錢六分九釐七毫內

軍儲倉餘存充餉銀二百九十九兩四錢九分三釐六絲八忽六微四塵九渺

南折充餉銀五千九兩七錢四分二釐順治八年奉文每石折銀一兩五錢

順治九年舊編裁剩解部并米折銀六百七十一兩九錢八分六釐二毫五忽四塵九渺三漠三埃六纖六沙本府捕盜應捕銀一十四兩四錢

本縣捕盜應捕銀四十三兩二錢　鹽捕抵課并滴珠銀一十八兩一錢八分　上司按臨并本縣朔望行香講書紙劄筆墨香燭銀三兩　外省馬價銀四百五十六兩九錢七分　本縣預備倉經費銀二十二兩　常豐二倉經費銀一十五兩六錢　本縣預備雜用銀四十九兩八錢　各役工食裁剩銀三兩八錢三分七釐五毫五絲四忽一微九塵六渺一漠　收零積餘銀二十六兩一錢三分二釐五絲七忽七微五塵三渺二漠三埃六纖六沙　收零積餘米易銀一十八兩八錢六分六釐五毫九絲三忽一微共該前數　馬價路費銀四兩五錢六分九釐七毫

順治九年裁扣銀二百五十一兩六錢本府知府倉庫書庫子銀一十六兩八錢　通判門子燈夫銀四兩八錢　本縣知縣修宅家伙銀二十兩　吏書門皁馬快民壯燈夫禁卒轎傘扇夫倉庫書庫書斗級銀一百九十三兩二錢　縣丞書門皁馬銀八兩四錢　典史書門皁馬銀八兩四錢

順治十二年裁知縣迎送上司傘扇銀八兩

順治十四年裁扣銀二百六十七兩九錢三分二釐本府進表委官盤纏銀四錢九分　分守寧紹台道轎傘扇夫銀八兩四錢　本縣知縣薪銀油燭傘扇銀三十兩四錢九分　縣丞薪銀八兩三錢二釐　生員廩糧銀一百二十八兩　上司經臨公幹官員辦送下程油燭柴炭銀四十九兩四錢　門神桃符銀一兩五錢　鄉飲酒禮銀八兩　提學道考試搭蓋篷廠銀一兩一錢　歲考生員試卷果餅激賞花紅紙劄筆墨幷童生果餅進學花紅銀一十七兩五錢　季考生員試卷果餅激賞花紅紙劄筆墨銀一十四兩　備用銀內扣按察司進表水手銀七錢五分

順治十四年裁膳夫銀四十兩

順治十四年裁里馬銀一十六兩八錢八分

順治十四年裁分守寧紹台道轎傘扇夫銀七錢

順治十四年裁膳夫銀三兩三錢三分三釐三毫

順治十四年裁里馬銀一兩四錢六釐六毫六絲六忽

順治十六年裁閏月俸銀一十四兩九錢六分三釐本縣知縣俸銀三兩七錢四分九釐九毫　縣丞俸銀三兩三錢三分三釐三毫　典史俸銀二兩六錢二分六釐六毫　教諭俸銀二兩六錢二分六釐六毫　訓導俸銀二兩六錢二分六釐六毫

康熙元年裁吏書工食銀七兩本縣知縣吏書銀六兩　縣丞書辦銀五錢　典史書辦銀五錢

康熙二年裁倉庫學書工食銀二兩六錢本府倉書銀五錢　庫書銀五錢　本縣倉書銀五錢　庫書銀五錢　學書銀六錢

康熙三年裁教諭門子銀一兩八錢

康熙三年裁齋夫銀三兩

康熙十四年裁修理官船幷水手銀三兩

康熙二十四年裁寧紹巡道轎傘扇夫銀三兩五錢

康熙三十一年裁驛站銀一百二十兩五錢五分一釐四毫八絲
三忽一微六塵六渺六漠六埃六纖六沙本府各驛新加銀八十七兩五錢七分四
釐八毫一絲九忽一微六塵六渺六漠六纖二沙　養膳應差
夫銀三十兩四錢七分六釐六毫六絲四忽　差馬銀二十二
兩五
錢

康熙五十年裁縣丞經費銀三兩門子銀五錢　皁隸銀二兩馬夫銀五錢

康熙十四年裁扣銀八十二兩一錢九分八毫九絲修城民七料銀二十一兩
八錢八分　季考生員試卷果餅花紅紙劄筆墨裁半府銀二
兩　縣銀五兩　縣備用銀三十三兩三錢一分八毫九絲
修理本縣城
垣銀二十兩

康熙十五年裁扣銀四十四兩六錢七分二釐一毫一絲二忽一
微九塵六渺五漠八埃各院觀風試卷果餅紙劄筆墨府銀四兩　本縣新任祭馬銀二兩八錢五分
紳衿優免丁銀三十七兩八錢二分二釐
一毫一絲二忽一微九塵六渺五漠八埃

康熙十六年裁扣銀一十兩五錢迎春裁半銀二兩　儒學喂馬草料裁半銀六兩　本縣陞遷

給由應朝起程復任公宴

祭門祭祀銀二兩五錢

康熙二十四年裁寧紹道轎傘扇夫銀四十二兩

康熙二十七年裁歲貢赴京路費銀三十兩

康熙二十七年續裁扣銀一百五十兩一錢三分三釐九毫科舉禮幣

進士舉人牌坊銀七十兩四錢一分二釐八毫　會試舉人水手銀三十二兩　武舉筵宴銀四錢五分　貢院僱稅傢伙井募夫銀二兩　迎宴新舉人旗匾花紅旗帳酒禮府銀二兩五錢　縣銀四兩　起送會試舉人酒席路費卷資府銀八兩三錢八分四釐四毫　縣銀九兩三錢三分三釐四毫　賀新進士旗匾花紅酒禮府銀二兩　縣銀三兩　起送科舉生員花紅卷資路費酒席府銀四兩四錢　縣銀一十二兩六錢五分三釐三毫

康熙三十一年裁驛站銀一千五百九十兩四錢六分七釐八毫三絲

本府各驛銀一千一百三十兩八錢六分七釐八毫三絲

應差夫銀一百二十九兩六錢　差馬銀二百七十兩

僱船銀六十兩

康熙五十年裁縣丞經費銀七十六兩　俸銀四十兩　門子銀六兩　皁隸銀二十四兩

馬夫銀
六兩
康熙五十六年裁本府拜進表箋綾函紙劄寫表生員工食香燭
等銀一兩七錢五分
雍正三年裁憲書紙料銀一十兩九錢二釐
雍正六年裁扣銀四十三兩二錢本府通判燈夫銀一十二兩本縣燈夫銀二十四兩　東關
驛館夫銀
七兩二錢
雍正十二年裁扣民壯工食銀一百二兩
乾隆十二年裁扣民壯工食銀六十兩
乾隆十九年裁本府諭祭銀六兩六錢六分六釐六毫六絲
以上共地丁銀九千五百五十九兩八錢一分五釐二毫六絲
四忽八微八塵七渺九漠三埃六纖六沙　積餘米易銀一十
八兩八錢六分六釐五毫九絲三忽一微

留充兵餉改起運銀一萬九百九十三兩一錢五分六釐二毫二絲七忽二微六塵五渺內

田地山銀三千六百六十三兩三錢六分五釐七絲四忽三微六塵原編銀三千七百七十七兩八錢四分五毫七絲四忽三微六塵除編入存留項下致祭　關聖帝君銀六十兩　厲壇米折銀六兩　儒學加俸銀四十八兩四錢八分實該前數

兵餉銀七千三百二十九兩七錢九分五釐六毫五絲二忽九微五渺

以上共地丁銀一萬九百九十三兩一錢五分六釐一毫二絲七忽二微六塵五渺

嘉慶七年裁編設臬司衙門驛站歸起運充餉銀八百五十五兩二錢二分五釐二毫原編銀二千七百七十七兩一錢七分三釐三絲　除協濟龍游縣銀二十六兩七錢一分　江山縣銀一十八兩　常山縣銀八十兩二錢九分抵解兵餉編入兵餉項下　完字號座船水手銀一兩改編藩

司項下　順治十四年裁公幹官員下程油燭銀四十九兩四錢　順治十四年裁里馬銀一十六兩八錢八分　康熙八年裁中飲銀五十兩　公幹官員心紅紙劄油燭柴炭銀二十二兩　門皁銀六十兩　康熙三十一年歸入地丁項下本府各驛銀一千一百三十兩八錢六分七釐八毫三絲　應差夫銀一百三十九兩六錢　差馬銀二百七十兩　僱船銀六十兩　雍正六年裁東關驛館夫銀七兩二錢編入裁扣項下外實該前數

本府各驛銀五百六十三兩九錢五釐二毫　原編銀一千七百一兩九錢七分三釐三絲　康熙三十一年歸入地丁項下充餉銀一千一百三十兩八錢六分七釐八毫三絲　雍正六年裁東關驛館夫銀七兩二錢編入裁扣項下外實該前數

養膳應差夫四十名夫頭一名共銀二百九十一兩三錢二分　原編銀五百四兩四錢　除協濟常山縣銀七百五兩抵解兵餉　順治十四年裁里馬銀八兩四錢八分　康熙三十一年歸入地丁項下充餉　應差夫銀一百二十九兩六錢實該前數　應差夫四十名銀七兩二錢　夫頭一名銀三兩三錢二分

以上共地丁銀一萬四百一十五兩四分四毫六絲四忽八微八塵七渺九漠三埃六纖六沙　積餘米易銀一十八兩八錢六分六釐五毫九絲三忽一微

留充兵餉改起運銀一萬六百八十一兩八錢三分六釐二毫二
絲七忽二微六塵五渺內

田地山銀三千三百五十二兩四分五毫七絲四忽三微六塵原編銀三千七百七十七兩八錢四分五毫七絲四忽三微六塵除編入存留項下致祭文昌帝君銀二十兩致祭關聖帝君銀六十兩厲壇米折銀六兩儒學加俸銀四十八兩四錢八分驛站經費銀二百九十一兩三錢二分實該前數五渺

兵餉銀七千三百二十九兩七錢九分五釐六毫五絲二忽九微

以上共地丁銀一萬六百八十一兩八錢三分六釐二毫二絲
七忽二微六塵五渺

鹽課詳歸藩司充餉

鹽院完字號座船水手銀一兩係地丁編徵

鹽課運司專轄

額外歲徵鹽課苦滷稅銀三兩每兩車珠一分七釐該銀五分一釐

係不入田畝外賦編徵

漕運糧儲道專轄

隨漕本色月糧給軍米二千九百石每石折徵銀一兩二錢該徵銀三千四百八十兩

隨漕折色銀三百五十兩九錢六釐六毫三絲一忽五微一渺內

淺船料銀二百九十七兩八錢三分二釐七毫原編解船政同知支銷後該同知奉裁仍行解道

貢具銀五十三兩七分三釐九毫二絲一忽五微一渺原編解船政同知支銷後該同知奉裁仍行解道

以上共地丁銀三百五十兩九錢六釐六毫三絲一忽五微一渺

存留銀二千一百二十二兩四錢八分一毫六絲六忽奉文徵收存留銀兩

彙入地丁起解其應支各款赴藩庫請發轉給仍于嘉慶四年奉文應給存留銀兩留縣支給內

司存留銀六十九兩一錢四分九釐一毫內

布政司解戶役銀三十兩

戰船民六料銀三十九兩一錢四分九釐一毫

以上共地丁銀六十九兩一錢四分九釐一毫

府縣存留銀二千五十三兩三錢三分一釐六絲六忽內

本縣拜賀習儀香燭銀四錢八分

本縣致祭文昌帝君銀二十兩係動支地丁內仍于起運項下造報題銷冊

本縣致祭關聖帝君銀六十兩係動支地丁內仍于起運項下造報題銷冊

本縣致祭厲壇米折銀六兩係動支地丁內仍于起運項下造報題銷冊

本縣祭祀銀一百五十六兩文廟釋奠二祭共銀六十兩　崇聖祠二祭共銀一十二兩　社稷山川壇各二祭共銀三十二兩　邑厲壇三祭共銀二十四兩　鄉賢名宦祠各二祭共銀一十二兩　清風祠二祭共銀八兩

陳公祠二祭共銀八兩　其餘剩銀一十七兩二錢六分每年
解收司庫撥補不敷祭祀之用實給銀一百三十八兩七錢四
分其餘剩銀兩實給數目分晰註明
故仍于地丁題銷册存留項下造報

文廟香燭銀一兩六錢

迎春芒神土牛春酒銀二兩

本府庫子四名銀二十四兩

通判門子二名銀一十二兩

本縣知縣經費銀五百六十三兩四錢俸銀四十五兩內攤扣荒
缺銀八兩四釐每年解司
充餉實該銀三十六兩九錢九分六釐其攤荒銀兩實該數目
分晰註明仍于地丁題銷册內存留項下造報　門子二名銀
一十二兩　皁隸一十六名銀九十六兩　馬快八名每名工
食銀六兩　陸路備馬製械水鄉打造巡船以司緝探銀一十
兩八錢共銀一百三十四兩四錢此係原編數目內給馬快工
食銀四十八兩批解藩庫銀八十六兩四錢抵給將軍都統各
衙門各役工食等項一切之用共該前數　民壯二十三名銀
一百三十八兩　禁子八名銀四十八兩　轎傘扇夫七名銀
四十二兩　庫子四名銀二十
四兩　斗級四名銀二十四兩

典史經費銀六十七兩五錢二分俸銀三十一兩五錢二分門子一名銀六兩皁隸四名銀二十四兩馬夫一名銀六兩

本縣儒學經費銀一百八十五兩九錢二分訓導俸銀三十一兩五錢二分齋夫三名每名銀一十二兩共銀三十六兩廩糧銀六十四兩廩生膳銀四十兩門子二名每名銀七兩二錢共銀一十四兩四錢

儒學加俸銀四十八兩四錢八分係動支地丁題銷册內仍于起運項下造報

驛站經費銀二百九十一兩三錢二分本縣均平夫四十名每名工食銀七兩二錢該銀二百八十六兩夫頭一名工食銀三兩三錢二分共該前數係動支地丁題銷册內仍于起運項下造報其小建銀兩每年扣收彙入地丁解司充餉

協濟新昌縣經費不敷銀一百三十六兩九錢六分一釐六絲六忽

鄉飲酒禮二次銀八兩

歲貢生員路費旗匾花紅酒禮府銀七錢五分　縣銀三兩以上府縣

歲貢銀兩每年解司充餉其應支銀兩在于地丁項下撥給

看守公署門子工食銀一十八兩九錢布政司分司二名　按察司分司一名　府鋪一名每名銀三兩六錢　三界公館一名銀四兩五錢

衝要三鋪司兵工食銀一百三十五兩上官鋪　楮林鋪　天姥鋪各五名每名銀九兩

偏僻五鋪司兵工食銀一百四十四兩縣前鋪　五里鋪　仙巖鋪　禹溪鋪　八里鋪各鋪四名每名銀七兩二錢

孤貧四十名布花木柴銀二十四兩每名年給銀六錢

孤貧四十名口糧銀一百四十四兩原編本色米七十二石折色銀七十二兩　順治十四年改米徵銀充餉每米一石徵銀一兩　康熙三年復給孤貧共該前數　每名歲支銀三兩六錢　以上孤貧柴布口糧每年小建銀兩解司充兵餉

以上共地丁銀一千九百六十三兩六錢二分四毫一絲六忽

孤貧口糧米易銀七十二兩不入田畝外賦銀一十七兩七錢

五釐六毫五絲

存留米四十五石三斗五升四合八勺九撮九圭六粟內

康熙六年丈量陞科米一石九斗二升八合六勺六抄八撮九圭

康熙三十一年陞科米一合二勺九抄

康熙三十三年陞科米四升九合七勺一抄五撮六圭

雍正七年陞科米七合六勺一抄一撮

雍正十一年陞科米四斗七升四勺七抄四撮一圭

雍正十二年陞科米二斗八升二合二勺九抄九撮二圭

乾隆元年陞科米一石一斗四合七勺八撮七圭

乾隆八年陞科米四斗三升二合一勺八抄九圭六粟

乾隆十七年陞科米七斗四合九勺九抄七撮九圭

乾隆二十八年陞科米五斗五升八合九勺六抄九撮九圭
又加陞米八斗六升二合三勺四抄七撮八圭
乾隆三十五年陞科米一斗四升四合六勺九抄七圭
又加陞米一斗二升九合七勺四抄八撮二圭
乾隆三十八年陞科米一斗八合一勺四抄五撮
又加陞米一石八斗二升九合一勺九抄四撮二圭
乾隆三十九年陞科米一斗一合三勺三抄八撮一圭
乾隆四十年陞科米一斗七合八勺五抄三圭
又加陞米一升九合七抄九撮一圭
乾隆四十一年陞科米四合五勺九抄六撮七圭
又加陞米一斗一升七合二勺八抄二撮五圭
乾隆四十六年陞科米七升三合四勺九撮六圭

乾隆五十一年陞科米一斗二合六勺六抄二撮五圭

又加陞米一斗三升七合二勺四撮四圭

嘉慶元年陞科米七升六合三勺八抄九撮五圭　縣重囚口糧

米三十六石

地丁加閏銀三百九十三兩五錢七分三釐一毫八絲一忽四微

一塵二渺九漠一埃四纖八沙　又驛站新加閏銀一百三十

兩五錢八釐一毫五絲二忽四微九塵九渺九漠九埃九纖六

沙共銀五百二十四兩八分一釐三毫三絲三忽九微一塵二

渺九漠一埃四纖四沙

外賦不入地丁科徵本縣稅課局課鈔銀一兩四錢七分五釐四

毫原係市鎮鋪行出辦歸經

費用今歸入地糧編徵

統共額徵加閏銀五百二十五兩五錢五分六釐七毫八絲三忽

九微一塵二渺九漠一埃四纖四沙每兩徵耗羨銀五分該銀二十六兩二錢七分七釐八毫一絲九忽一微九塵五渺六漠四埃五纖七沙

地丁加閏米一百石

起運折色加閏銀四百五兩七錢九分五釐一毫五絲

戶部折色銀六兩三錢五分五毫一絲二忽五微一塵七渺九漠

路費銀六分四釐二毫六忽一微五塵二漠一埃四纖八沙

工部折色銀一十六兩三錢七分四釐三毫六絲一忽六塵九渺八漠路費銀二釐一毫九絲

順治九年舊編裁剩解部鹽捕抵課并滴珠銀一兩五錢一分五釐

順治九年裁扣銀一十九兩三錢本府知府倉庫書庫子銀一兩四錢　通判門子燈夫銀四錢　本縣知縣書門皁隸馬快民壯燈夫禁卒轎傘扇夫倉庫書庫子斗級銀一十六兩一錢　縣丞書門皁馬銀七錢　典史

書門皁馬

銀七錢

順治十五年裁優免銀一百九十五兩五錢九釐三毫八絲七忽八微三渺四漠二埃

康熙元年裁吏書工食銀八十四兩本縣知縣吏書銀七十二兩 典史書辦銀六兩

康熙元年裁提學道歲考心紅等銀一十八兩六錢原編提學道卷果餅激賞花紅紙劄筆墨并童生果餅進學花紅府學銀一十兩 縣學銀二十五兩 考試搭蓋篷廠工料銀二兩二錢除順治十四年裁半外今裁前數

康熙二年裁倉庫學書工食銀三十一兩二錢本府知府倉書銀六兩 本縣知縣倉書銀六兩 庫書銀六兩 縣學銀七兩二錢

康熙三年裁教職經費銀六十五兩一錢二分本縣教諭俸銀三十一兩五錢二分

喂馬草料銀一十二兩

門子銀二十一兩六錢

康熙三年裁齋夫銀三十六兩
康熙八年裁驛站銀一百三十二兩經臨中伙宿食銀五十兩公幹官員心紅紙劄油燭柴
炭銀二十二兩
門皁銀六十兩
康熙十四年裁扣銀一百九十五兩五錢六分六釐一毫四忽二
微八塵九渺六漠司備用銀七十七兩七錢二分五釐四毫一
絲 知縣心紅銀二十兩 修理倉監銀二
十兩 知府修倉備辦刑具銀一十三兩五錢九分六毫九絲
四忽二微八塵九渺六漠 儒學喂馬草料裁半銀六兩 季
考生員試卷果餅花紅紙劄筆墨裁半府銀二兩 縣銀五兩
修理府縣鄉飲祭祀新官到任齋宿幕次器皿什物各經過
公幹官員轎傘等銀三兩二錢五
分修理官船水手銀四十八兩
雍正三年裁憲書紙料銀一錢五分九釐六毫
雍正六年裁扣銀三兩六錢本府通判燈夫銀一兩 本縣燈
夫銀二兩 東關驛館夫銀六錢
雍正十二年裁扣民壯工食銀八兩五錢
乾隆十二年裁扣民壯工食銀五兩

嘉慶七年裁編設臬司衙門驛站歸起運充餉銀六十六兩九錢三分三釐三毫三絲三忽三微三塵三渺三漠三埃三纖四沙　原編銀六十九兩三錢九分九釐九毫九絲　除協濟龍游江山常山三縣銀一十兩四錢一分六釐六毫六絲抵解兵餉　新加本府各驛銀一百三十兩五錢八釐一毫五絲二忽四微九塵九渺九漠九埃九纖六沙　順治十四年裁里馬銀一兩四錢六釐六毫六絲六忽　康熙三十一年歸入地丁項下充餉　本府各驛銀八十七兩五錢七分四釐八毫一絲九忽一微六塵六渺六漠六埃六纖二沙　養膳應差夫銀一十兩四錢七分六釐六毫六絲四忽　差馬銀二十二兩五錢　雍正六年裁東關驛館夫銀六錢編入裁扣項下外實該前數內

本府各驛銀四十二兩三錢三分三釐三毫三絲三忽三微三塵三渺三漠三埃三纖四沙驛站係新加

養膳應差夫四十名撥差夫頭一名共銀二十四兩六錢　原編四十二兩三分三釐三毫三絲除協濟常山縣銀六兩二錢五分抵解兵餉　順治十四年裁里馬銀七錢六釐六毫六絲六忽　康熙三十一年歸入地丁項下充餉　應差夫銀一十兩四錢七分六釐六毫六絲四忽實該前數　應差夫四十名夫頭一名

每名銀六錢

兵餉銀一百一十三兩一錢四分一釐五毫一忽六微七塵五渺原編銀一百五十一兩二錢六分一釐五毫一忽六微七塵五渺除編入存留項下驛站經費銀二十四兩六錢孤貧加閏銀一十三兩五錢二分實該前數

以上共地丁銀四百一十九兩三錢一分五釐一毫五絲三忽九微一塵二渺九漠一埃四纖四沙

鹽課加閏解歸藩司充餉

鹽院完字號座船水手銀八分三釐三毫三絲　係地丁編徵

漕運加閏糧儲道專轄

隨漕本色月糧給軍米一百石每石折徵銀一兩二錢該徵銀一百二十兩

存留加閏銀一百一十九兩六錢七分八釐三毫彙入地丁起解其應支各款赴藩庫請發轉給仍于嘉慶四年奉文留縣支給內

本府知府庫子四名銀二兩

本府通判門子二名銀一兩

本縣知縣經費銀四十三兩二錢門子二名銀一兩　皁隸一十六名銀八兩　馬快八名每名工食銀五錢　陸路備馬置械水鄉打造巡船以司緝探銀九錢共銀一十一兩二錢此係原編數目內給馬快工食銀四兩批解藩庫銀七兩二錢抵給將軍都統各衙門各役工食等項一切之用共該前數　民壯二十三名銀一十一兩五錢　禁子八名銀四兩　轎傘扇夫七名銀三兩五錢　庫子四名銀二兩　斗級四名銀二兩

典史經費銀三兩門子一名銀五錢　皁隸四名銀二兩　馬夫一名銀五錢

儒學經費銀七兩五錢三分三釐三毫齋夫三名每名銀一兩共銀三兩　廩生膳銀三兩三錢三分三釐三毫　門子二名每名銀六錢共銀一兩二錢

驛站經費銀二十四兩六錢本縣均平夫四十名每名工食銀六錢該銀二十四兩　夫頭一名工食銀六錢共該前數係動支地丁題銷冊內仍于起運項下造報其小建銀兩每年扣收彙入地丁解司充餉

看守公署門子工食銀一兩五錢七分五釐布政司分司二名按察司分司一名

府館一名每名銀三錢　三界公館一名銀三錢七分五釐

衝要三鋪司兵工食銀一十一兩二錢五分上官鋪　楮林鋪天姥鋪各五名每名銀七錢五分

偏僻五鋪司兵工食銀一十二兩縣前鋪　五里鋪　仙巖鋪禹溪鋪　八里鋪各四名每名銀六兩

孤貧四十名應給加閏銀一十三兩五錢二分每名銀三錢三分八釐

以上共地丁銀九十一兩一錢六分二釐八毫五絲不入田畝

外賦銀一兩四錢七分五釐四毫五絲

外賦

學租一十兩七錢九分五釐每年照數徵輸解司轉解學院賑給貧生膏火之用

當稅銀四十五兩當鋪九名每名徵銀五兩另款解司充餉仍于每年春季查明造册報送部輸稅

牙稅銀二十六兩八錢上則牙戶一十九名每名徵銀八錢該銀一十五兩二錢　中則牙戶一十名每名

徵銀六錢該銀六兩　下則牙戶一十四名每名徵銀四錢該銀五兩六錢共該前數另款解司充餉

契稅每買產銀一兩徵稅銀三分

牛稅每兩徵稅銀三分　以上契稅牛稅二款歲無定額每年儘收儘解造報題銷另款解司充餉　以上謹遵嘉慶十九年部頒賦役全書載入　以上舊志

糧席

道光間官吏因緣爲姦藉繕城隍爲名每地丁額銀一錢浮收制錢二百枚有奇增貢生周禮南發其覆是時戶庫書沈永之橫甚嗾無賴殺禮南禮南時寓城奔範村貢生張謨謨請毀家以助諸紳皆憤聯名控沈久不得直會邑舉人呂燮煌館京師御史高褋家高悉其情乃以奏聞廷遣蕭山湯文端公金釗按其事武生呂鎭雄詣對簿文端卻之而召令燕見謂之曰自今以往若縣開徵由地方官設席折柬招紳衿會算糧若願之乎呂諾獄遂寢蓋文

端不欲窮治興大獄且討永久俾官民無隔閡戢吏姦也由是有糧席之名歲以二月初五八月初五爲期如期縣官具柬城鄉紳士畢集法以銀爲主以銀圓爲輔以制錢爲歸宿銀價照紹市銀圓價照嵊市例如紹興銀價直銀圓若干嵊銀圓直制錢若干以次推求定糧銀一兩爲銀圓若干爲制錢若干曰糧價刋布知單百數十年來地方不受巧取豪奪之苦咸以爲糧席功也新纂下同

平餘

同治三年左文襄奏減紹屬浮收錢二十二萬一千四百二十千文米三百六十一石嵊縣若干案佚不可知自後定地丁銀一兩加耗銀一錢爲正供正供外每兩准留平餘錢三百五十文其他陋規悉予革除錄左文襄奏札章程及紹興府知府稟　同治三年閩浙總督左宗棠奏爲覈減紹興府屬浮收錢糧恭摺奏祈聖鑒事竊浙東各屬地丁南米經臣上年奏明應一律核減並將溫州府屬先行減定在案茲查浙東八府錢糧

徵數以紹興爲最多浮收之弊亦以紹興爲尤甚山陰會稽蕭山諸縣完納錢糧向有紳戶民戶之分每正耗一兩紳戶僅完一兩六分至一兩三四錢而止民戶則有完至二千八九百文或三四千文者以國家維正之供而有紳民重輕之別以閭閻奉公之款徒爲吏胥中飽之資官司以賠累爲苦民戶以偏重爲苦若不明定章程删除浮費弊累日甚其何以堪孟子論治以經界不正井地不均穀祿不平爲深憂者此也臣於上年覈定溫屬地漕後即飭奏調來浙差遣候選知府戶部郎中顧菊生前赴紹興會同該管道府將歷年官徵民納實數及向來流攤各款逐細清查分別裁減茲據顧菊生等稟稱紹屬八縣六場正雜錢糧有照銀數完納有照錢數完納殊與定例有乖現擬統照銀數徵解其一切攤捐名目及道府各署陋規概行禁革并擬於正耗錢糧之外仍視各縣前徵多寡每兩酌留平餘以爲各該縣場辦公之用開送徵解留用數目清册前來臣細加覆覈除正耗仍照常徵解外紹屬八縣額徵地漕等款并蕭山公租竈課銀四十五萬三千四百七十四兩零新昌一縣徵數業經減定勒石毋庸議改外其餘七縣共實減去錢二十萬五千一百零六十文南米額徵本色米七千餘石折色米一萬五千二百六十七石零減去本色耗米三百六十一石減折耗錢一萬二千零七十二千文六場竈課額徵銀一萬四千三百八十九兩又蕭山牧租額徵錢一萬三千九百十六千文實減去錢四千二百四十二千文計共減錢二十二萬一千四百二

十千文米三百六十一石但能永遠遵守大小戶一律完納以十年之內通計之民間即可多留二百餘萬千之錢三千餘石之米既無須損上以益下民力自見其有餘亦無須裒多以益寡貧戶不憂其不足官之徵收有定章則上下之交肅民之完納有定數則胥吏之弊除此次定章之後臣當飭令各屬一體勒石遵守如有官吏陽奉陰違於定章之外添設名目多取分文者定即立予撤參如大戶不遵定章完納致官有賠累之虞民有偏重之苦者亦必嚴實懲辦以昭儆戒所有嚴減紹興府屬錢糧緣由理合恭摺具陳伏乞皇上聖鑒訓示四月十一日內閣奉上諭左宗棠奏嚴減紹興府屬浮收錢糧一摺浙東各屬錢糧以紹興府屬徵數爲最多而浮收之弊亦最甚經左宗棠查明核減將紹興府屬八縣六場正雜錢糧無論紳戶民戶統照銀數徵解一切攤捐名目及陋規等項概與革除計除正耗仍照常徵解外共減去錢二十二萬有奇米三百六十餘石民困諒可稍蘇即著照所議辦理嗣後並著爲定章永遠遵行不准再有紳戶民戶之別致滋偏重其地方官吏尤當潔已奉公剔除積習倘敢陽奉陰違添設名目格外索需及大戶不遵定章完納者即著該督撫核實查參懲辦以重國帑而恤民瘼欽

此

爲曉諭事照得本部堂督師入浙以來目擊彫殘勤思撫字疊次札飭各該地方官嚴禁浮勒核減徵收以蘇積困復經照會

顧郎中前赴紹興會同該署府楊守詳查紹屬各縣場前徵銀米各數分別釐減浮費去後兹據顧郎中楊守以紹屬各縣場錢糧除新昌一縣已經勒石定數毋庸更改外其餘各縣場應統以一兩一錢作爲正項外每兩酌留平餘津貼辦公並將一切陋規裁革酌定用款稟復前來本部堂細加酌核所擬均尙妥協當即據情入告所有紹屬徵解錢糧合行出示曉諭爲此示仰紹屬軍民人等知悉自同治三年上忙啓徵爲始除正項一兩一錢外山陰縣地漕每兩准留平餘錢三百文南米本色每石准留米七升折色每石准照五千文折收會稽縣地漕每兩准留平餘錢四百文南米本色每石准留餘米七升折色每石准照五千文折收蕭山縣地漕公租竈課每兩准留平餘錢四百文南米折色每石准照五千文折收零戶米每石准照三千三百六十文折收牧租每千准照一千一百文徵收諸曁縣地漕每兩准留平餘錢三百文上餘縣地漕每兩准留平餘錢二百五十文餘姚縣地漕每兩准留平餘錢二百八十文嵊縣地漕每兩准留平餘錢三百五十文曹娥場金山場均每兩准留平餘錢四百文錢清場東江場均每兩准留平餘錢三百文石堰場每兩准留平餘錢二百文自示之後准爾等地方刊碑勒石永爲定例無論大戶小戶一律照章完納不得稍有抗欠其完銀米應概用板串書吏不得包徵包解如有奸胥蠹役仍前勒折浮收或藉代墊及各項名目需索加費許赴該管地方官控訴申理爾等亦宜互相勸勉踴躍輸將毋得任意抗玩致

干咎戾其各禀遵毋違等因除示諭外合行札飭爲此札仰該縣卽將發來告示實貼曉諭以便周示毋違此札

附章程五條　一實徵一兩一錢解司除正款並耗銀餉餘外籌補一款現在裁革所餘之銀應作爲解費省歇傾工火耗釘鞘等項之用歸縣自行開銷其從前一切攤捐名目及各署陋規盡行裁革　二各縣徵收錢糧照例應用板串嘉慶二十四年曾經司詳通飭在案嗣因日久弊生改用活串致書吏弊端百出現在更定新章應統用三聯板串如某戶應完銀若干查照糧册於串票內註明上忙完銀一半下忙完銀一半庶書吏不能有大頭小尾重徵倍徵諸弊而州縣發出串票若干卽應徵若干亦易於隨時稽察　三串票櫃書向有票錢現在雖未全行裁革亦應明定章程不准例外多取其完納銀米花戶應隨完隨給串票不准延閣　四幕友修火自此次定章之後亦應減省大縣准請刑名一席錢穀一席其小席祇准酌留二三人中小縣刑錢併請一席小席准留一二人至府署向有發審修金由各縣攤派現已提辦公卽不准再問州縣攤派　五院府縣試經費自此次定章之後皆不准列入流攤每屆應實用若干亦應由府預先酌定按年提存

同治檔案款目

縣檔遺有同治三年起運存留耗羡細目册訖宣統清廷遜位俱

照此册辦理列表如左

起運銀名目	銀數	備考
額解布政司地丁銀	三一二三一·八〇三	銀以釐爲單位
驛站船料銀	五九八·九三三	
驛站餘閏銀	三三三	
裁解通判門子工食銀	一一·〇〇〇	
顏料蠟茶銀	二三四·〇八七	
薦新芽茶銀	八·八八〇	
抵課水手銀	一·〇〇〇	
司存留銀	六九·一四九	
額解鹽運司苦滷稅銀	三·〇五一	
額解督糧道月糧米折銀	三四八〇·〇〇〇	

淺船貢具銀　三五〇·九〇七

存　留　銀　細　目　銀　數

鄉飲酒禮銀　八·〇〇〇

歲貢旗匾銀　三·七五〇

奉裁祭祀銀　一七·二六〇

匀攤荒缺銀　八·〇三九

知縣俸銀　三六·九六一

典史俸銀　三一·五二〇

馬械銀　八六·四〇〇

公署門子工食銀　一八·九〇〇

孤建銀

廩空銀

文帝三祭銀　六〇·〇〇〇
武帝三祭銀　六〇·〇〇〇
邑厲壇祀孤米折銀　六·〇〇〇
本縣習儀香燭銀　四八〇
至聖廟香燭銀　一·六〇〇
至聖廟祭銀　五〇·〇〇〇
崇聖祠祭銀　一三·〇〇〇
名宦鄉賢祭銀　一〇·〇〇〇
陳侯祠祭銀　八·〇〇〇
清風祠祭銀　八·〇〇〇
社稷山川壇祭銀　二九·七四〇
邑厲壇祭銀　二一·〇〇〇

迎春酒禮銀　二·〇〇〇

本府庫子工食銀　二四·〇〇〇

二府民壯工食銀　一八·〇〇〇

鹽捕工食銀　一四·四〇〇

本縣門子工食銀　一二·〇〇〇

皁隸工食銀　八四·〇〇〇

仵作工食銀　一二·〇〇〇

馬快工食銀　四八·〇〇〇

民壯工食銀　一〇八·〇〇〇

禁卒工食銀　四八·〇〇〇

轎傘扇夫工食銀　四二·〇〇〇

庫子工食銀　一二·〇〇〇

鹽捕工食銀　一二·○○○
斗級工食銀　二四·○○○
鋪兵工食銀　二九九·○○○
孤貧口糧銀　一六八·○○○
典史門子工食銀　六·○○○
馬快工食銀　六·○○○
皁隸工食銀　二四·○○○
教諭訓導俸銀　八○·○○○
門斗工食銀　一四·四○○
齋夫工食銀　三六·○○○
廩糧銀　六四·○○○
膳夫工食銀　四○·○○○

耗羨銀細目	銀數
按察司均平夫部頁銀	二九·〇〇〇
本縣均平夫頭工食銀	二四·〇〇〇
本縣均平夫工食銀	二三四·二七四
協濟新昌縣經費不敷銀	一三六·九六一
地丁耗銀	一六二二·四八九
餉餘銀	一六一·二四九
解費銀	一六一·二四九
雜款司存留耗銀	一五·一六〇
餉餘銀	一·五一六
解費銀	一·五一六
鹽課耗銀	一五三

解費銀　三〇

漕項耗銀　一九七·五四五

解費銀　三九·五〇九

存留耗銀　一〇九·八七二

餉餘銀　一〇·九八七

節省解費共銀　一〇·九八七

糧捐

光緒庚子聯軍入京和議成賠款四百五十兆分三十九年償清起西歷一千九百二年至一千九百四十年止年息四釐綜計應付本息銀九百八十二兆二十三萬八千一百五十兩浙江省年派銀一百四十萬兩光緒二十七年十一月戶部咨疆吏覈議州縣應徵丁漕錢糧正銀一兩加捐制錢三百文自光緒

二十八年上忙始自是有糧捐之目

糧價

嵊故有糧席每歲官紳會算糧價自左文襄奏減浮收後地丁額銀一兩加耗銀一錢外加平餘三百文左原案三百五十文又加庫房費銀五釐又加司庫道房捕衙兩學營衙門丁雜費錢五十五文半又加糧票錢每葉八文又加完糧錢每錢五文自光緒二十八年後又加糧捐錢三百文通計額銀一兩合制錢若干文訖宣統末年無異

鹽附

嵊無場竈所食鹽例由商人從上虞縣曹娥場票運每歲額銷五千引兼銷新昌縣五百引雍正間李宮保衛總督浙江時有引額不敷聽詳請增銷之文自是歲無定額乾隆李志　又按乾隆李志云舊志稱自

宋元明初坐派錢清曹娥三江石堰四場鹽又稱昔以寧海縣鐵場巡司鹽運至本縣東北鄉住賣天台縣清溪鎮鹽運至本縣西南鄉住賣路途阻遠販運爲艱各鄉不能接濟嘉靖四十一年舊任知縣陳宗慶在京呈請巡按請開曹娥等場私鹽之禁使民得食上虞會稽產鹽與上文向食錢清等四鹽場之說迥異又不聲明曹娥等場何年奉禁寧海天台等鹽何年坐派殊未明晰

附錄　明陳宗慶在京請巡按疏通鹽禁揭在昔以寧海縣鐵場巡司鹽運至本縣東北鄉住賣天台縣清溪鎮鹽運至本縣西南鄉住賣路途阻遠販運爲難故各鄉不能接濟而上虞曹娥場會稽長亭場地近而舟楫可通價平而貿易自便故是時陳明府呈揭議略云合無除私鹽之禁使嵊民得食上虞會稽產鹽近奉印發行鹽小票每票一張稅銀二分召民給領往曹娥長亭二場照買銀解運司其稅銀卻不與商人大票九分一例然給票有限法非大行猶不免於阻抑今計通縣歲報人戶計口該食之鹽不下三十餘萬觔若于曹娥等場開禁許商人販至嵊境令本縣民轉販每一百觔照例納銀二分官民二便查照台州府先年食鹽亦有重禁該府顧知府申議將中津橋地方立掣鹽所委官逐月掣放亦鹽百觔稅銀二分有船載者依數納稅台民至今利之本縣實與台州事例相同伏乞憲臺俯順民情云云　又功令之禁私鹽非不嚴矣而奸徒閔不畏

法者弊約有二一則駔儈販鹽攤箏小戶逼索重售及至敗露又將平日索詐不遂及不合者通扳作犯以恣報復以卸己罪更有甚者遇巡方涖郡搆通上下積蠹將平人揑名拿訪陷罪追贓每至傾家殞命而駔儈倖免欲其不貿私鹽得乎一則商人將屯嵊額引之鹽私貨天台東陽兩路百十成羣運簰載販以致鹽堨價騰官鹽價高則私鹽價平小民惟利是趨欲其不貿私鹽得乎當事君子宜痛懲焉

鹽灰壅田附

嵊邑田瘠土淡田禾必須鹹物培壅始能發秀但本地並無煎鹽場竈全賴各客從沿海竈舍採買盤邊泥塊謂之鹽灰裝篰運嵊發賣農民有錢現買否則于春季賒貸秋成抵償由來已久其盤泥秤二十觔試煎鹽得苦味黑色鹽三觔不堪食用田苗非此不茂若用瀝過泥渣毫無鹹氣仍屬無用此地土使然也乾隆三十二年間詳憲出示立碑存案乾隆三十二年閏七月二十七日鹽驛道徐詳文本道核看得灰客周晃販買鹽盤一案緣嵊邑山水性淡非鹽灰培壅禾苗不能發秀故盤篰一項爲農民壅田必需之物

嵊邑並無場竈各處灰客在于沿海各場竈販運裝簍到縣就厰貨賣其鹽盤卽係盤簍查紹屬各場竈鹽簍編竹削篾爲盤上下塗泥曬乾煎燒鹽粒廢壞卽係土塊賣與農民壅田應用不等其色甚黑非獨周晃陳履泰二處厰內販賣卽各處灰厰每簍均有夾雜從前向無例禁已據前縣將鹽盤秤稱二十觔試煎得鹽三觔其色黑其味苦不堪食用而嵊邑鹽價每觔賣錢六文又鹽盤每觔賣錢二文以試煎之鹽簍二十觔核算價四十文僅得鹽三觔卽使其色不黑其味不苦亦僅值錢十八文至愚之人安肯舍多就少是以鹽盤歷無例禁至行運地方作何稽察之處因嵊田禾培壅鹽灰非自今始歷無夾帶犯案已有明徵在私販之徒無物不可夾帶若必按物定條轉恐挂一漏百責成牙埠稽查此輩中頗少善良勢必勒索陋規徒增灰價農民受累以歷無犯私之事請免滋事之端已據該府核議明確似無遁飾應如所請毋庸置議至奉批飭議縣捕等封貯一節本道復加查核該縣田禾需壅鹽灰由來已久從前並無拿獲之案今歲值前縣公出該縣捕混拿封貯誑稟該縣稟報憲臺批府行查今據該府復查明確從無例禁之條則陳俊汪元明有需索不遂混稟情弊若如該府縣所議從寬姑息恐啓索詐之風誠如憲批何得混拿封貯殊屬不法應請飭府提捕汪元陳俊照不應重例責懲以儆索詐庶農民商客不致受其擾累是否允協理合詳候憲臺察核示遵爲此備由粘同原批詳呈乞照詳施行蒙鹽部院熊批如詳　三十三年二月二

十四日前縣莊告示照得嵊邑田土性寒民間播種禾苗俱賴鹽灰培壅是以山會及本地人民販運至嵊貨賣即或帶有盤籌竈牆不過希圖價貴覓利並無瀝滷煎鹽之弊此係因地制宜自應順從民便查上年鹽捕陳俊等拿獲周晃鹽盤一案業經前任將應否飭禁之處詳請憲示蒙批免禁在案今據周晃稟請給示勒石以垂永遠等情前來合再出示嚴禁爲此仰各埠灰客牙行人等知悉嗣後爾等照常發運公平交易如有不法胥役敢于需索漏規抑勒阻撓者許即指名稟縣以憑拿究特示　道光七年鹽運司多告示爲獲解事道光七年五月初六日奉署鹽部院劉批會稽縣詳盤邊竈泥山田水寒非此培壅不能長發且竈泥復煎成鹽色黑味苦不堪食用請免飭禁等緣由奉批據詳田土寒淡之處非竈泥等項培壅不能長發且竈泥復煎成鹽色黑味苦不堪食用請免飭禁核與乾隆三十二年免禁舊案相符自應免其查禁以利農田仰鹽運司通飭一體遵照繳奉此除通飭遵照外合行出示曉諭爲此示仰農民及應巡兵捕人等知悉所有盤邊竈泥及一切鹹氣凡有益於農田者准其一并買運以利農田應巡兵捕毋得藉阻滋擾倘有不法之徒藉夾鮮滷白鹽販買該兵捕等即行嚴拿解縣究詳各宜

凜遵特示

歷代田額表附

時代	土別	畝數	備攷
宋嘉定咸淳年間	總計	三六七・三一二強	田地山塘各數未詳 本表以畝爲單位
元大德至正年間	總計	三八二・四六八強	田地山塘各數未詳
明洪武二十四年	田	四一一・六九二強	
	地	一五五・三九三強	
	山	九六・一七三強	
	塘	五・五九六強	
	總計	六六八・八五四強	
永樂十年	田	四一一・六五〇強	

年份	項目	數額	備註
	地	一三五·四九二強	
	山	九六·一七七強	
	塘	五·六〇四強	
	總計	六四八·九二三強	
成化八年	田	四三九·〇六二強	撥會稽二十五六兩都入嵊田地山塘均增
	地	一四三·一三九強	
	山	一一七·四一〇強	
	塘	五·七三七強	
	總計	七〇五·三四八強	
成化十年	田	四三七·一五四強	知縣許岳英丈量
	地	一四三·二五〇強	
	山	一二八·一二七強	

塘　五·七七四強

總計　七一四·三〇六強

萬歷三十七年

一則田

四則田

遊長四則田

地

山

塘

知縣施三捷創賦役全書田地山塘各數未詳

總計　七三四·八二六強

清初原額

一則田　二三九·六二六強

遊仙四則田　一九〇·五三一強

遊長四則田　一五·六六三強

地	一五〇·五〇〇強
山	一三三·六三〇強
塘	六·三四二強
總計	七三五·三三三強

嘉慶十九年

一則田	二三九·七八一強	據部頒賦役全書
遊仙四則田	一九二·三六一強	
遊長四則田	一五·七三五強	
地	一四九·六三八強	
山	一三三·六九八強	
塘	六·三八一強	
總計	七三六·五九四強	

嵊縣志卷四終

嵊縣志卷五

學校志 學宮 典禮 忠孝義祠 節孝祠 名宦祠 鄉賢祠 鄉飲酒禮 書院 義塾 學田 勸學所 [illegible]校表

余纂嵊志至學校未嘗不廢書而歎也曰嗚呼海門周子知之矣積習廢禮而後來者復履斯弊其爲侮聖瀆典傷教化不細嗟夫周子孰知數百年後有裂冕毀冠偭規改錯如今日之甚者乎又孰知入室操戈揮椎發冢轉出於後世詩禮之儒乎殆非前哲之所逆覩已舊志載典禮而備錄官書緐以例似稍稍濫矣廼者舊籍既棄若弁髦學宮亦鞠爲茂草神祖聖伏文獻無徵則絶續之交抱殘守闕亦禮失求野之資也清季廢科舉興學校合甲所頒不廢崇祀百里之內横舍如林而英才亦往往出其閒董子有言當更化而不更化

不能善治然禮以坊民學以牖民賈子所謂禮云禮云起教於微眇者亦必有其本矣故備錄舊聞資稽鏡焉作學校志

學宮

歷代興葺〔夏志〕嵊學在縣治西南二百五十步繼錦坊內剡山之麓東惠安寺西實性寺俱封土爲界南達通衢北牆外二十一丈有奇抵圓超寺山界其地高明爽塏山川環拱按舊志宣聖廟在縣治東南一百步宋慶歷閒知縣沈振徙建縣治西南五十步未竟遷官去八年知縣丁寶臣嗣成之臨川王安國記不存丁自爲記見藝文志崇寧二年增建學舍設學官弟子員〔張志〕是年詔改文宣王廟曰大成殿宣和初燬於盜建炎元年知縣應彬建殿二年知縣范仲將建廊廡肖聖賢像紹興五年知縣姜仲開建學堂移殿與門南向汝陰王銍記按〔周志〕紹興十二年知縣毛鐸增葺黌宇有邑人蘇復跋丁寶

臣修學記並見藝文志乾道九年主簿江濤尉謝深甫葺新之邑人周汝士記見藝文志嘉定七年知縣史安之以故學地僻且就圯移建今所闢山爲基繚以外垣中爲大成殿製先聖坐像翼以兩廡列畫七十二子殿後爲明倫堂左右夾室夾室前降階爲東西序直舍堂東爲先賢祠上爲仰高亭兩廡後置居仁集義達道養蒙四齋殿前爲戟門門外泮池架石爲橋南爲櫺星門門逼土牆牆外皆民地戟門東爲土地祠祠後爲守舍祠前降階爲秀異亭自亭循坡而下南直通衢爲儒學門鄮人袁燮高似孫並有記見藝文志淳祐八年知縣水邱袞繕修以事去尉施復孫竟其功邑人周浟記見藝文志元元貞二年縣尹佘洪命儒士葺治後至元二年尹張元輔至正五年尹冷瓚先後增葺邑人王璹記見藝文志九年尹趙琬修明倫堂因作仰高亭於堂後二十一年廟燬

獨存堂二十三年守帥周紹祖建廟令攝縣事邢雄增修堂宇東築文昌祠儒學提舉楊翮記見藝文志（周志）明與因故爲斲木摶土爲先師及四配十哲像廟左右爲兩廡甬道而南爲戟門戟門南爲泮池池外爲櫺星門門左爲儒學門廟之北爲明倫堂兩夾室左神廚右祭器庫堂前東爲修德齋西爲凝道齋兩齋後爲號房諸生肄業焉廟東有碑亭故文昌祠址西有學倉堂東爲射圃教諭廨在堂後兩訓導廨一在修德齋後一在堂西修德齋南爲宰牲房洪武二年十月詔重學校鐫設科分教令式於學仍降臥碑制書三年詔頒鄉射禮儀於學宫十一年詔頒鄉飲禮儀於學宫二十七年教諭湯輔修明倫堂訓導施震記見藝文志按（張志）二十八年頒大成樂器於天下府學令州縣學如式製造正統間知府白玉視學命知縣孟文闢泮池及櫺星門前地邑

民應溫遠捨之成化初知縣李春增闢之邑民樓秉直克剛捨地明年修兩齋四年縣丞方玘更闢學門外之壅者邑民裘守良守儉彥功同捨地已上捨地俱有碑記頌胙爲常五年知縣許岳英修明倫堂教諭陳烜記見藝文志按（張志）陳烜又編藩爲南園有孔氏泉陳公石鳳尾竹虎鬚蒲胭脂桃翠絲柳玉帶水寶塔鈴八詠訓導王洪搆書屋前爲竹林蘭砌甚幽雅六年教諭陳烜刱建鄉賢祠於明倫堂之東南隅王洪記見藝文志十六年知縣周騰修號房弘治元年提學副使鄭紀過嵊謁廟謂制隘弗稱且棟柱就圮命知縣夏完改作廟拓大之齋廡多所增飭建詠歸亭於泮橋會饌堂於廟西鄭卿爲記見藝文志五年訓導王洪建璞庵於西廨有璞庵八詠明年改訓導西廨爲教諭廨而訓導西廨以西號房爲之十年知縣臧鳳重覆廟瓦飭其榱桷更增建教諭廨宇十一年知縣徐恂修兩廡還詠歸亭於明倫堂後曰應奎

亭建觀德亭於射圃作新號房凡九十極飭舊凡五十餘楹邑人夏雷記見藝文志作抗塵樓於訓導廨東訓導周倈記見藝文志嘉靖七年建敬一亭於明倫堂北立石刻御製敬一箴五箴解詔去聖賢像用主瘞像於廟東北百武曰孔像墓喬松偃覆其間改大成殿曰先師廟謚號曰至聖先師孔子是年知府洪珠視學命知縣呂章遷廟於明倫堂左泮池欞星門俱徙而左張志是爲今所明倫堂南爲門曰道義門以故泮池外地爲射圃十三年奉制建啓聖公祠於訓導西廨之西故實性寺大殿呂章廢寺爲之爲會饌堂於啓聖祠東故實性寺觀音殿隆慶間訓導東廨圮以會饌堂爲廨四年教諭王天和刱議祀名宦知縣薛周申請肇祀然未有特祠即鄉賢祠中分之祀張稷楊簡六年王天和議還儒學門於道義門南道射圃直達莊馗射圃廢邑人喻思化捐

資爲之知縣朱一柏修廟甎砌周垣數百丈萬歷二年重建
文昌祠教諭王天和建聚奎堂於廨內三間三年朱一柏重修
鄉賢祠（張志）重建於戟門之左十一年知縣姜克昌修廟仙居吳時來記見藝文志
十三年知縣萬民紀重建儒學門（張志）今號房及觀德應奎亭俱廢（張志）
萬歷三十二年知縣文典章重建廟廡櫺星門徙泮池於門
外建鄉賢名宦祠於廟門兩腋名宦左鄉賢右崇禎四年知縣方叔
壯易殿楹以石鑄鼎勒銘邑人喻安性記見藝文志十四年知縣鄧藩錫
重建明倫堂易堂楹以石清順治十六年知縣史欽命修殿
康熙二年縣丞門有年捐俸建兩廡六間五年訓導龔自淑以
鄉賢名宦祠廢春秋無從行禮捐資建小屋四間以二間祀
名宦鄉賢一間祀文昌一間爲講院九年知縣張逢歡葺廟
廡建櫺星門甃泮池修石欄邑人朱爾銓記見藝文志十年訓導謝三錫

捐俸構兩廡神座造先賢先儒神牌又造明倫堂大鼓懸架與鍾稱（乾隆李志）康熙二十三年頒懸御書萬世師表扁額三十三年頒御製孔子贊四子贊勒碑學宮〔道光李志〕康熙間學廨久圮學宮僦居民舍教諭朱宸枚以四十六年來任平西蕪荒山及民之侵佔者建屋七楹於明倫堂東五十四年知縣任儀京重建明倫堂五十七年改建文昌祠於鹿胎山巔六十年知縣宋斅建名宦祠於明倫堂大門左側鄉賢祠於右側雍正三年頒懸御書生民未有扁額奉旨改啓聖祠爲崇聖祠五年知縣張泌奉文刱建忠孝義祠於崇聖祠東側六年知縣李之果重建文昌祠於大成殿東偏兼爲訓導寓署八年知縣王以曜重建兩廡戟門及入聖牌坊十年知縣傅琺續修櫺星門戟門繚垣增兩廡神座十一年仍建名宦祠於廟門外左鄉賢祠於廟門外右乾隆二年知縣張

彥珩撤殿材而新之增建崇聖祠臺門及儀門三間周築垣以蔽行人就敬一亭廢阯建尊經閣三間爲藏書所增築圍牆六十餘丈以山高風勁閣難垂久也是年頒懸御書與天地參扁額四年知縣黃珏改建忠孝義祠於明倫堂西文昌閣故阯五年知縣李以炎葺文昌祠增建前殿五間仍以舊祠爲訓導公署（道光李志）乾隆二十三年知縣竇忻修廟以調去知縣黃紹踵成之二十八年教諭汪墉訓導孫昇修明倫堂郡守朱煦記見藝文志四十六年教諭李增建愛閑堂秀水朱休度記見藝文志四十八年邑人劉純等改建訓導廨於明倫堂西五十三年知縣唐仁埴增修學宮郭文誌續成之督學使者朱珪記見藝文志五十四年邑人喻大中重建戟門移建忠孝義祠於學署之西嘉慶元年喻大中重建尊經閣易木以石繚以崇垣庋羣籍於

閣郡守高三畏記見藝文志三年頒懸御書聖集大成扁額六年奉旨尊爲至聖廟改文昌祠爲文廟按是年合邑捐資重建文廟並建奎星閣於東偏十年喻大中周光煒等改建崇聖祠於文廟後十九年教諭葛星垣重葺署齋顏曰七架五間草堂自爲記堂前有澥香池種荷數柄題曰蓮西舫堂後軒曰列岫軒道光元年頒懸御書聖協時中扁額七年葛星垣修昌黎祠按祠在學署東即土神廟同治志道光十七年邑人錢釗修大成殿兩廡名宦鄉賢祠石欄泮池櫺星門繚垣喻萃修戟門吳金科修崇聖祠文廟奎星閣張萬年修明倫堂昌黎祠童沂童泮捐田供歲修咸豐元年頒懸御書德如幬載扁額八年邑人錢鹿鳴尹金鑑等修奎星閣剏建學山公所於閣後九年邑人錢沛塑奎星神像同治二年頒懸御書聖神天縱扁額五年合邑捐修文武廟崇聖祠聖宮之兩廡昌黎祠名宦鄉賢忠

孝義祠重建尊經閣教諭訓導廨六年合修奎星閣及學山公所皆十年告竣七年邑人錢沛修大成殿九年沛子椿杞等續成之並修戟門十年告成正統間魏驥有記成化間薛綱有記並見藝文志（新纂）宣統元年頒懸中和位育扁額部令各州縣大成殿改用黃瓴黃瓦錢沛孫憲燦等捐塈之

大成殿祀位今遵清同治二年部頒文廟祀位

至聖先師孔子

東配

復聖顏子諱回字子淵魯人漢永平十五年祀七十二弟子顏子位第一魏晉祀孔子均以顏子配唐貞觀二年以孔子爲先聖顏子爲配饗

述聖子思子諱伋字子思孔子孫宋大觀二年從祀端平三年升列哲位咸淳三年配饗

西配

宗聖曾子諱參字子輿魯南武城人唐開元八年從祀宋咸淳三年配饗

亞聖孟子諱軻字子輿一作子車鄒人宋元豐七年配饗

以上配位宋以上皆稱封爵元至順元年贈顏子兗國復聖公曾子郕國宗聖公子思子沂國述聖公孟子鄒國亞聖公明嘉靖九年改稱復聖顏子宗聖曾子述聖子思子亞聖孟

子清因之

東哲

先賢閔子諱損字子騫魯人唐開元八年從祀

先賢冉子諱雍字仲弓魯人唐開元八年從祀

先賢端木子諱賜字子貢衛人唐開元八年從祀

先賢仲子諱由字子路一字季路卞人唐開元八年從祀

先賢卜子諱商字子夏衛人唐貞觀二十一年以經師從祀開元八年以十哲從祀

先賢有子諱若字子有魯人唐開元八年從祀清乾隆三年升列哲位

西哲

先賢冉子諱耕字伯牛魯人唐開元八年從祀

先賢宰子諱予字子我魯人唐開元八年從祀

先賢冉子諱求字子有魯人唐開元八年從祀

先賢言子諱偃字子游吳人唐開元八年從祀

先賢顓孫子諱師字子張陳人唐開元八年從祀宋咸淳三年升列哲位

先賢朱子諱熹字元晦婺源人宋建炎四年生慶元六年卒年七十一淳祐元年從祀清康熙五十一年升列哲位

以上哲位宋以前皆稱封爵明嘉靖九年改稱先賢某子清因之有子朱子升列哲位從一例

東廡先賢

先賢公孫僑字子產一字子美鄭人左傳魯襄公八年始見昭公八年卒清咸豐七年從祀原西廡擬移東廡

先賢林放字子邱魯人唐開元二十七年從祀明嘉靖九年改祀於鄉清雍正二年復祀原西廡擬移東廡

先賢原憲字子思宋人鄭康成曰魯人唐開元二十七年從祀

先賢南宮适字子容家語作韜魯人唐開元二十七年從祀

先賢商瞿字子木魯人唐開元二十七年從祀

先賢漆雕開字子若蔡人鄭康成曰魯人唐開元二十七年從祀

先賢司馬耕字子牛宋人唐開元二十七年從祀

先賢梁鱣字子魚齊人唐開元二十七年從祀

先賢冉孺字子魯魯人唐開元二十七年從祀

先賢伯虔字子析魯人唐開元二十七年從祀

先賢冉季字子產魯人唐開元二十七年從祀

先賢漆雕徒父字子有一作從字子文魯人唐開元二十七年從祀

先賢漆雕哆字子斂家語作漆雕侈魯人唐開元二十七年從祀

先賢公西赤字子華魯人唐開元二十七年從祀

先賢任不齊字子選楚人唐開元二十七年從祀

先賢公良孺字子正家語作儒陳人唐開元二十七年從祀

先賢公肩定字子中家語作堅字子仲魯人唐開元二十七年從祀

先賢鄡單字子家徐廣曰一云鄔單魯人唐開元二十七年從祀

先賢罕父黑字子索家語作宰父黑魯人唐開元二十七年從祀

先賢榮旂字子祺一作祈魯人唐開元二十七年從祀

先賢左人郢字子行家語作左郢唐唐開元二十七年從祀

先賢鄭國字子徒一作薛邦魯人唐開元二十七年從祀

先賢原亢字子籍魯人唐開元二十七年從祀

先賢廉潔字子曹一作子庸衛人古史作齊人唐開元二十七年從祀

先賢叔仲會字子期一作噲魯人鄭康成曰晉人唐開元二十七年從祀

先賢公西輿如字子上古史作公西輿魯人唐開元二十七年從祀

先賢邽巽字子斂家語作選字子斂魯人唐開元二十七年從祀

先賢陳亢字子亢一字子禽陳人唐開元二十七年從祀

先賢琴張家語琴牢字子開一字子張衛人唐開元二十七年從祀

先賢步叔乘字子車齊人唐開元二十七年從祀

先賢秦非字子之魯人唐開元二十七年從祀

先賢顔噲字子聲魯人唐開元二十七年從祀

先賢顔何字子冉魯人唐開元二十七年從祀明嘉靖九年罷清雍正二年復祀

先賢縣亶字子象索隱作縣豐魯人清雍正二年從祀

先賢牧皮朱註云未詳清雍正二年從祀原西廡擬移東廡

先賢樂正克清雍正二年從祀

先賢萬章清雍正二年從祀

先賢周敦頤字茂叔道州營道縣人宋天熙元年生熙寧六年卒年五十七淳祐元年從祀

先賢程顥字伯淳河南人宋明道元年生元豐八年卒年五十四淳祐元年從祀

先賢邵雍字堯夫河南人宋大中祥符四年生熙寧十年卒年六十七咸淳三年從祀

西廡先賢

先賢蘧瑗字伯玉衞人左傳魯襄公十四年始見卒年無考史記定公十四年孔子猶主蘧伯玉家其卒後於公孫僑蓋三十餘年唐開元二十七年從祀明嘉靖九年改祀於鄉清雍正二年復祀原東廡擬移西廡

先賢澹臺滅明字子羽武城人唐開元二十七年從祀原東廡擬移西廡

先賢宓不齊字子賤魯人唐開元二十七年從祀

先賢公冶長字子長齊人家語曰魯人唐開祀元二十七年從祀

先賢公晳哀字季次齊人唐開元二十七年從祀

先賢高柴字子羔齊人鄭康成曰衞人唐開元二十七年從祀

先賢樊須字子遲魯人鄭康成曰齊人唐開元二十七年從祀

先賢商澤字子秀一作子季魯人唐開元二十七年從祀

先賢巫馬施字子期陳人唐開元二十七年從祀

先賢顏辛字子柳魯人唐開元二十七年從祀

先賢曹卹字子循蔡人唐開元二十七年從祀

先賢公孫龍字子石衛人唐開元二十七年從祀

先賢秦商字子丕魯人鄭康成曰楚人唐開元二十七年從祀

先賢顏高字子驕一名顏刻魯人唐開元二十七年從祀

先賢壤駟赤字子徒鄭康成曰秦人唐開元二十七年從祀

先賢石作蜀字子明秦人唐開元二十七年從祀

先賢公夏首字乘一字子傑鄭康成曰魯人唐開元二十七年從祀

先賢后處字子里家語作石處字堅之齊人唐開元二十七年從祀

先賢奚容蒧字子晳一作奚蒧字子楷魯人唐開元二十七年從祀

先賢顏祖字子襄魯人唐開元二十七年從祀

先賢句井疆字子疆家語作勾鄭康成曰衛人唐開元二十七年從祀

先賢秦祖字子南秦人唐開元二十七年從祀

先賢縣成字子横一字子祺魯人唐開元二十七年從祀

先賢公祖句兹字子之家語無句字魯人唐開元二十七年從祀

先賢燕伋字思家語作級字子思秦人唐開元二十七年從祀

先賢樂欬字子聲家語作欣正義曰魯人唐開元二十七年從祀

先賢狄黑字子晳家語作晳之衛人唐開元二十七年從祀

先賢孔忠字子蔑家語作弗孔子兄孟皮子唐開元二十七年從祀

先賢公西蒧字子尚魯人唐開元二十七年從祀

先賢顏之僕字子叔魯人唐開元二十七年從祀

先賢施之常字子恆魯人唐開元二十七年從祀

先賢申棖字子周魯人唐開元二十七年從祀

先賢左丘明魯人唐貞觀二十一年以經師從祀

先賢秦冉字開蔡人唐開元二十七年從祀明嘉靖九年罷清雍正二年復祀

先賢公明儀

先賢公都子

先賢公孫丑

先賢張載字子厚郿縣人宋天禧四年生熙寧十年卒年五十八淳祐元年從祀

先賢程頤字正叔河南人宋明道二年生大觀元年卒年七十五淳祐元年從祀

以上先賢位宋以前從祀者皆稱封爵明嘉靖九年改稱先賢某子周張程邵五子嘉靖時稱先儒崇禎十五年改稱先賢位在七十子之下漢唐諸儒之上清俱稱先賢不稱子

東廡先儒

先儒公羊高周末齊人子夏弟子唐貞觀二十一年從祀

先儒伏勝濟南人秦博士唐貞觀二十一年從祀

先儒毛亨年無考受詩於荀卿以授毛萇按史記楚考烈王二十五年荀卿廢居蘭陵距漢興三十二年太平御覽引毛詩正義云荀卿授漢人魯國毛亨則是秦漢間人清同治二年從祀

先儒孔安國字子國魯人漢武帝時爲博士侍中唐貞觀二十一年從祀原西廡擬移東廡

先儒后蒼東海郯人漢宣帝時爲博士明嘉靖九年從祀

先儒鄭康成諱玄北海高密人漢永建二年生建安五年卒年七十四唐貞觀二十一年從祀明嘉靖九年改祀於鄉清雍正二年復祀原西廡擬移東廡

先儒范寗字武子順陽郡陵人晉咸康五年生隆安五年卒年六十三唐貞觀二十一年從祀明嘉靖九年改祀於鄉清雍正二年復祀原西廡擬移東廡

先儒陸贄字敬輿嘉興人唐天寶十三年生永貞元年卒年五十二清道光六年從祀

先儒范仲淹字希文吳縣人宋端拱二年生皇祐四年卒年六十四清康熙五十四年從祀

先儒歐陽修字永叔廬陵人宋景德四年生熙寧五年卒年六十六明嘉靖九年從祀

先儒司馬光字君實夏縣人宋天禧三年生元祐元年卒年六十八咸淳三年從祀原西廡擬移東廡

先儒謝良佐字顯道上蔡人宋元豐八年進士生卒年無考與楊時同稱程門四先生清道光二十九年從祀

先儒游酢字定夫建陽人清光緒十八年從祀

先儒呂大臨字與叔汲郡人清光緒二十一年從祀

先儒羅從彥字仲素南劍州人宋熙寧五年生紹興五年卒年六十四明萬曆四十二年從祀

先儒李綱字伯紀謚忠定邵武人宋元豐六年生紹興十年卒年五十八清咸豐元年從祀原西廡擬移東廡

先儒張栻字敬夫綿竹人宋紹興三年生淳熙七年卒年四十八景定二年從祀原西廡擬移東廡

先儒陸九淵字子靜金溪人宋紹興九年生紹熙三年卒年五十四明嘉靖九年從祀原西廡擬移東廡

先儒陳淳字安卿龍溪人宋紹興二十三年生嘉定十年卒年六十五清雍正二年從祀

先儒真德秀字景元更字希元浦城人宋淳熙五年生端平二年卒年五十八明正統二年從祀原西廡擬移東廡

先儒何基字子恭金華人宋淳熙十五年生咸淳四年卒年八十一清雍正二年從祀原西廡擬移東廡

先儒文天祥字文山一名宋瑞廬陵人宋端平三年五月二日生元至元十九年卒年四十七清道光二十三年從祀原西廡擬移東廡

先儒趙復字仁甫德安人生卒年無考以宋端平二年至北庭當列元儒之首清雍正二年從祀

先儒金履祥字吉甫蘭溪人宋紹定五年生元大德七年卒年七十二清雍正二年從祀原西廡擬移東廡

先儒劉因字夢吉號靜脩容城人清宣統三年從祀

先儒陳澔字雲莊江西都昌人宋景定二年生元至正元年卒年八十一清雍正二年從祀原西廡擬移東廡

先儒方孝孺字希直天台人元至正十七年生明建文四年卒年四十六同治二年從祀

先儒薛瑄字德溫河津人明洪武二十二年生天順八年卒年七十六隆慶五年從祀原西廡擬移東廡

先儒胡居仁字叔心餘干人明宣德九年生成化二十年卒年五十一明萬曆十二年從祀

先儒羅欽順字允升泰和人明成化二年生嘉靖二十六年卒年八十三清雍正二年從祀

先儒呂柟字仲木高陵人明成化十五年生嘉靖二十一年卒年六十四清同治二年從祀原西廡擬移東廡

先儒劉宗周字念臺山陰人明萬曆六年生清順治二年卒年六十八道光二年從祀原西廡擬移東廡

先儒孫奇逢字啓泰容城人明萬歷十二年生清康熙十四年卒年九十二歲道光八年從祀原西廡擬移東廡

先儒黃宗羲字太沖餘姚人清光緒三十四年從祀

先儒張履祥字考夫桐鄉人清同治九年從祀

先儒陸隴其字稼書平湖人明崇禎三年生清康熙三十一年卒年九十二歲道光八年從祀原西廡擬移東廡

先儒張伯行字孝先儀封人清光緒四年從祀

西廡先儒

先儒穀梁赤周末魯人子夏弟子唐貞觀二十一年從祀

先儒高堂生秦末漢初魯人唐貞觀二十一年從祀

先儒董仲舒廣川人漢武帝初年對策爲江都相元至順元年從祀原東廡擬移西廡

先儒毛萇字子長趙人漢河間獻王博士當武帝時唐貞觀二十一年從祀

先儒杜子春河南緱氏人漢永平初年年九十唐貞觀二十一年從祀原東廡擬移西廡

先儒諸葛亮字孔明瑯琊人漢光和四年生建興十二年卒年五十四清雍正二年從祀原東廡擬移西廡

先儒王通字仲淹龍門人陳至德二年生隋義寧二年卒年三十五一作開皇二年生年三十七明嘉靖九年從祀原東廡擬移西廡

先儒韓愈字退之南陽修民人唐大歷三年生長慶三年卒年五十七宋元豐七年從祀

先儒胡瑗字翼之海陵如臯人宋淳化四年生嘉祐四年卒年六十七明嘉靖九年從祀

先儒韓琦字稚圭安陽人宋大中祥符元年生熙寧八年卒年六十八清咸豐二年從祀原東廡擬移西廡

先儒楊時字中立將樂人宋皇祐五年生紹興五年卒年八十三明宏治八年從祀原東廡擬移西廡

先儒尹焞字彥明洛陽人宋熙寧四年生紹興十二年卒年七十二清雍正二年從祀

先儒胡安國字康侯崇安人宋熙寧七年生紹興八年卒年六十五明正統二年從祀

先儒李侗字愿中劍浦人宋元祐八年生隆興元年卒年七十一明萬歷四十二年從祀原東廡擬移西廡

先儒呂祖謙字伯恭婺州人宋紹興七年生淳熙八年卒年四十五景定二年從祀原東廡擬移西廡

先儒袁燮字和叔號絜齋謚正獻鄞縣人宋寧宗初舉進士清同治七年從祀

先儒黃榦字直卿閩縣人宋紹興二十二年生嘉定十四年卒年七十清雍正二年從祀

先儒輔廣字漢卿號潛庵慶源人清光緒五年從祀

先儒蔡沈字仲默建陽人宋乾道三年生紹定三年卒年六十四明正統二年從祀原東廡擬移西廡

先儒魏了翁字華父邛州人宋淳熙五年生嘉熙五年卒年六十清雍正二年從祀原東廡擬移西廡

先儒王柏字會之金華人宋慶元三年生咸淳十年卒年七十八清雍正二年從祀原東廡擬移西廡

先儒陸秀夫字君實鹽城人宋端平三年十月八日生祥興二年卽元至元十六年卒年四十四清咸豐九年從祀

先儒許衡字仲平河內人宋嘉定二年生元至元十八年卒年七十三皇慶二年從祀

先儒吳澄字幼清崇仁人宋淳祐九年生元元通元年卒年八十五明正統八年從祀嘉靖九年罷清乾隆二年復祀原東廡擬移西廡

先儒許謙字益之金華人元至元七年生後至元三年卒年六十八清雍正二年從祀原東廡擬移西廡

先儒曹端字月川澠池人明洪武九年生宣德九年卒年五十九清咸豐十年從祀原東廡擬移西廡

先儒陳獻章字公甫新會人明宣德三年生宏治十三年卒年七十三明萬歷十二年從祀

先儒蔡清字介夫晉江人明景泰四年生正德三年卒年五十六清雍正二年從祀

先儒王守仁字伯安餘姚人明成化八年生嘉靖七年卒年五十七萬歷十五年從祀原東廡擬移西廡

先儒呂坤字叔簡寧陵人明嘉靖十五年生萬歷四十六年卒年八十三清道光六年從祀

先儒黃道周字石齋漳浦人明萬歷十三年生清順治三年卒年六十二道光五年從祀原東廡擬移西廡

先儒湯斌字孔伯一字潛庵睢州人明天啓七年生清康熙二十六年卒年六十一清道光三年從祀原東廡擬移西廡

先儒王夫之字而農衡陽人清光緒三十四年從祀

先儒陸世儀字桴亭太倉人清同治十三年從祀

先儒顧炎武字寧人崑山人清光緒三十四年從祀

以上先儒位明嘉靖以前從祀者皆稱封爵嘉靖九年改稱

先儒某子清稱先儒不稱子

釋奠

正位陳設　牛一羊一豕一登一實以太羹鉶二實以和羹簠二實以黍稷簋二實以稻粱籩十實以形鹽藁魚鹿脯棗栗榛菱芡黑餅白餅豆十實以韭菹菁菹芹菹筍菹醓醢鹿醢兎醢魚醢脾析豚胎鑪一鐙二

四配位陳設　各羊一豕一鉶二簠二簋二籩八實以形鹽藁魚鹿脯棗栗榛菱芡豆八實以韭菹菁菹芹菹筍菹醓醢鹿醢兎醢魚醢鑪一鐙二

十二哲位陳設　鉶一簠一簋一籩四實以形鹽棗栗藁魚豆四實以韭菹醓醢菁菹鹿脯東西各羊一豕一鑪一鐙二

殿中設一案少西北向供祝版其南東設一案西向陳禮神制帛九色白香盤四尊三爵二十有七西設一案東向陳禮神制帛八香盤三尊二爵二十有四凡牲陳於俎凡帛正位四配異篚十二哲東西共篚凡尊實酒承以舟疏布冪勺具

東廡陳設　二位同案每位爵一實酒每案簠一簋一籩四豆四先賢案前羊二豕二香案一鑪一鐙二先儒案前羊一豕一香案一鑪一鐙二設一案於南北向陳禮神制帛二香盤二尊三虛爵六俎篚冪勺具西廡陳設同

樂懸　殿外兩階金編鐘在東玉編磬在西皆十有六懸以虡業東應鼓一柷一麾一西敔一東西分列琴六瑟四簫六篴六篪四排簫二塤二笙六搏拊二旌二羽籥三十有六

儀節　長官爲正獻其貳及所屬兩序分獻司祝司香司帛司爵司饌引贊通贊引班以學弟子員嫻禮儀者執事春秋仲月上丁日祭致齋二日前一日有司飭廟戸潔掃殿廡內外眡割牲官公服詣神廚眡割牲正獻官率執事人入學習儀教官率樂舞諸生入學習舞習吹祭日三更祭事皆備鼓再

嚴樂舞生執事者各立丹墀左右鼓三嚴引贊各獻官廟門外立通贊唱樂舞生就位樂生序立於廟庭奏樂之所兩司節者分引舞生至丹墀東西兩階序立於舞佾之位兩司節者退至舞生兩班首持節相向立唱執事者司事陪祭官就位分獻官就位獻官就位引贊引獻官至拜位引贊退位唱瘞毛血執事者捧毛血由中門出四配十二哲兩廡由左右門出瘞於坎啓俎蓋唱迎神樂奏昭平之章麾生揚麾樂生擊柷樂作司節舉節舞生執籥秉翟而舞叩首再叩首三叩首興麾生偃麾樂盡櫟敔司節伏節舞生罷舞唱奠帛行初獻禮捧帛者捧帛執爵者執爵引贊引獻官詣盥洗所勺水淨巾引詣酒尊所司尊者舉冪酌酒執爵者捧帛者在獻官前行正位帛爵由中門入四配帛爵由左門入各於神案側

立引贊引獻官亦由左門入詣
至聖先師神位前樂奏宣平之章麾生揚麾樂生擊柷樂作司節舉節舞生執籥秉翟而舞獻官跪捧帛者西向跪進帛獻官獻帛授接帛者奠於神位前叩首興詣讀祝位（祝位在香案前）引贊引獻官至祝位麾生偃麾樂暫止讀祝者跪取祝文退立於獻官左獻官并各官及讀祝者皆跪祝辭曰維某年月日某官某致祭於
至聖先師孔子曰惟
先師德隆千聖道冠百王揭日月以常行自生民所未有屬
文教昌明之會正禮和樂節之時辟雍鐘鼓咸恪薦於馨香泮水膠庠益致嚴於籩豆茲當仲（春秋）祗率彝章肅展微忱肅將
祀典以

復聖顏子
宗聖曾子
述聖子思子
亞聖孟子配尙
饗叩首興麾生舉麾樂生接奏未終之樂引贊引獻官詣
復聖顏子神位前跪捧帛者跪進帛於獻官右獻官獻帛授接
帛者奠於神位前案上執爵者跪進爵於獻官右獻官獻爵
授接爵者奠於神位前叩首興次詣
宗聖曾子
述聖子思子
亞聖孟子神位前儀同復立引贊引獻官至原拜位立通贊唱
行分獻禮各引贊引分獻官至盥洗所勺水淨巾引詣酒尊

所司尊者舉冪酌酒各引贊引分獻官至十二哲兩廡神位前跪捧帛者跪進帛分獻官獻帛授接帛者奠於神位前捧爵者跪進爵分獻官獻爵授接爵者奠於總案上執事者於各神前自奠一爵叩首興復位麾生偃麾樂盡櫟敔司節伏節舞生罷舞通贊唱行亞獻禮引贊引獻官詣酒尊所司尊者舉冪酌酒詣

至聖先師神位前樂奏秩平之章麾生揚麾樂生擊柷樂作司節舉節舞生執籥秉翟而舞儀如初獻四配十二哲兩廡亞終獻儀胥同初獻復位麾生偃麾樂盡櫟敔司節伏節舞生罷舞通贊唱行終獻禮儀同初獻樂奏敘平之章樂作佾舞獻爵諸儀畢復位麾生偃麾樂盡櫟敔司節伏節舞生罷舞通贊唱飲福受胙進福酒者捧爵進福胙者取正壇羊左肩胙

置於盤引贊引獻官詣飲福位跪即讀祝位捧福酒者跪進酒於獻官右獻官受飲以爵授接胙者由中門捧出叩首興復位叩首再叩首三叩首各官同唱徹饌樂奏懿平之章樂生奏如前式執事者跪舉籩豆一器一舉而徹兩班司節分引舞生於丹墀東西相向序立不舞麾生偃麾樂盡櫟敔唱送神樂奏德平之章樂生奏如前式叩首再叩首三叩首各官同麾生偃麾樂暫止讀祝者捧祝奠帛者捧帛各詣瘞所正廟由中門出四配十二哲兩廡帛由左右門出唱望瘞麾生揚麾接奏前樂引贊引獻官陪祭官至瘞所唱焚文帛九段焚訖麾生偃麾樂止復位通贊唱禮畢

迎神樂章昭平辭曰大哉孔子先覺先知與天地參萬世之師祥徵麟紱韻答金絲日月既揭乾坤清夷

初獻樂章平宣辭曰予懷明德玉振金聲生民未有展也大成俎豆千古春秋上丁清酒既載其香始升舞羽籥之舞

亞獻樂章平秩辭曰式禮莫衍升堂再獻響協鼖鏞誠孚罍甗肅肅雍雍譽髦斯彥禮陶樂淑相觀而善

三獻樂章平敘辭曰自古在昔先民有作皮弁祭菜於論思樂惟天牖民惟聖時若彝倫攸敘至今木鐸舞均如初

徹饌樂章平懿辭曰先師有言祭則受福四海黌宫疇敢不肅禮成告徹毋疏毋瀆樂所自生中原有菽

送神樂章平德辭曰鳧繹峩峩洙泗洋洋景行行止流澤無疆聿昭祀事祀事孔明化我烝民育我膠庠

右陳設樂懸儀節樂章謹遵大清通禮及府志又道光季志所載樂章與此不合並存諸左以備參考

迎神樂章麾生舉麾唱曰樂奏咸平之章遂擊柷作樂每歌一句擊鼓三聲無舞　大太四哉南宮至林尺聖仲上道太四德仲上尊林尺崇仲上維南工持林尺王仲上化太四斯林尺民仲上是黃合宗太四典黃合祀太四有仲上常林尺精南工純林尺並太四隆仲上神黃六其南工來林尺格仲上於林尺昭仲上聖黃合容太四　麾生偃麾櫟敔止樂

初獻樂章麾生舉麾唱曰樂奏寧平之章擊柷作樂諸舞生按節而舞　自太四生仲上民林尺來仲上誰太四底黃合其仲上盛太四惟南工師林尺神仲上明太四度黃合越仲上前仲上聖太四粢仲上帛太四其仲上成林尺禮黃合容太四斯林尺稱仲上黍太四稷南工非黃六馨林尺維南工神林尺之仲上聽太四

亞獻樂章麾生舉麾唱曰樂奏安平之章擊柷作樂諸舞生按節而舞　大太四哉仲上聖黃合師太四實南工天林尺生仲上德太四作仲上樂太四以仲上崇林尺時仲上祀太四無林尺斁仲上清黃六酤南工惟仲上馨仲上嘉林尺牲仲上孔黃合碩太四薦太四修南工神黃六明林尺庶南工幾林尺昭仲上格太四

三獻樂章麾生舉麾唱曰樂奏景平之章擊柷作樂諸舞生按節而舞

百仲上王南工宗林尺師仲上生林尺民仲上物太四軌黃合瞻黃六之南工洋林尺洋仲上神林上其仲上寧太四止黃合酌太四彼黃合金林尺罍仲上惟南上清林尺且太四旨仲上登仲上獻太四惟林尺三仲上於黃六嘻南工成林尺禮仲上

徹饌樂章麾生舉麾唱曰樂奏咸平之章擊柷作樂諸舞生直執其籥而舞

犧仲上象太四在仲上前林尺豆太四籩仲上在黃合列太四以太四享南工以林尺薦仲上既仲上芬林尺既太四潔仲上禮黃合成太四樂仲上備太四人南工和林尺神仲上悅太四祭黃合則太四受仲上福林尺率黃合遵南工無林尺越仲上

送神樂章麾生舉麾唱曰樂奏咸平之章擊柷作樂無舞

有太四嚴南工學林尺宮仲上四黃合方太四來仲上崇太四恪黃六恭南工祀林尺事仲上威南工儀林尺雝仲上雝太四歆仲上茲林尺惟南工馨林尺神仲上馭太四還林尺復仲上明黃六禋南工斯林尺畢仲上咸南工膺林尺百仲上福太四

望燎麾生舉麾唱曰舉望燎樂
與送神同擊柷作樂無舞

初獻舞譜

自稍前向外開籥舞生蹈向裏開籥舞民合手蹲朝上來起辭身向外高舉籥面朝
誰兩兩相對蹲東西相向底合手蹲朝上其正揖盛起平身出左手立惟兩兩相對自下而上東西
相向師稍前舞舉籥垂翟神中班轉身東西相向立惟兩中班十二人轉身俱東西相向明舉翟三合籥
度稍前向外垂手舞越蹈向裏垂手舞前向前合手謙進步雙手合籥聖回身再謙退步側身向外高手
回面向上粢正蹲朝上帛稍舞躬身挽手側身向外呈籥耳邊面朝上俱正揖成起辭身挽手復舉籥正立
禮兩兩相對交籥兩班俱東西手執籥容正揖斯向外退挽手舉籥向外面朝上稱回身正立黍稍前舞
稷正蹲朝上非左右垂手兩班上下具雙垂手東西相向馨起合手相向立惟左右側身垂手向外開籥垂手
舞神右側身垂手向裏垂手舞之正揖朝上聽躬而受之躬身朝上拱籥而受之三鼓畢起

亞獻舞譜

大左右進步向外垂手舞哉右向裏垂手舞聖向外落籥面朝上師退向正身立
實正蹲天起身向前轉身向外舞生向裏舞德合手謙進步前雙手合籥蹲謙作兩兩相對自下而上
兩班相舉籥東西樂上下俱垂手惟兩中班上下十二人俱垂手轉身東西相向以轉身東西相向立崇

相向立兩班上下以翟合籥時稍前舞蹈兩班上下俱垂手向外祀向裏垂手舞無合手謙進步向前垂手合籥斁回身再謙兩班上下東西相向合籥立清稍前舞向外開籥翟酤向裏舞惟雙手平執籥翟開籥翟馨合籥翟朝上正立嘉側身垂左右手兩班俱垂手向外舞牲躬身正揖孔雙手舞籥翟躬身碩躬而受之躬身朝上拱籥受之一鼓而起薦一叩頭舉右手叩頭羞舉左手叩頭神復舉右手叩頭明

拜一鼓舉即起躬身三鼓平身庶三舞蹈舉籥向左躬身舞幾舉籥向右躬身舞昭舉籥復向左躬身舞格

拱籥躬身而受之

三獻舞譜

百向外開籥王向裏開籥舞宗側身向外面朝上師朝上正立生兩班上下

兩兩相對交籥民合手朝上正蹲物側身向裏落籥軌九合籥朝上正立瞻向外開籥舞之向裏開籥舞

洋開籥朝上正立洋合籥神向外開籥舞其向裏開籥舞寧進步向前雙手合籥止回身東西相向

手謙酌向外開籥舞彼向裏開籥舞金開籥朝上正立罍合籥朝上正立惟向外垂手舞清向裏

垂手舞且朝上正揖旨躬身而受之登躬身向左合籥舞獻躬身向右合籥舞惟躬身復向左右

籥三合籥朝上拜一鼓便起身於側身向外垂手舞嘻側身向裏垂手舞成朝上正揖禮躬身朝南

受之三鼓畢起身

祭器　爵三十六登一鉶二十四簠簋共三十籩六十四豆六十四帛篚八牲俎大小二十二

樂器　麾一金鐘十六玉磬十六鼓一搏拊二柷一敔一琴四排簫二笙四簫四笛四塤二篪二

舞器　節二翟二十四籥二十四干二戚二

樂舞生　舞用六佾每佾學額設三十人預選四人以備充補

獻官執事　正獻官知縣分獻官教諭訓導陪祭官把總典史通贊一人引贊一人讀祝一人陳設五人瘞毛血二人司盥二人司罇二人司爵二人司帛二人飲福受胙二人司庫十人監宰四人配位陳設五人司爵二人司帛二人引贊二人兩序陳設五人司爵二人司帛二人引贊二人兩廡陳設五人司爵二

人司帛二人引贊二人仍志

朔望　月朔釋菜望日上香教諭訓導分班行禮儀同太學詳

大清通禮

崇聖祠祀位遵同治二年部頒文廟祀位

肇聖王木金父公

裕聖王祈父公

詒聖王防叔公

昌聖王伯夏公

啓聖王叔梁公

以上正位明嘉靖九年於大成殿後立啓聖祠祀叔梁公清雍正元年詔封孔子先世王爵合祀五代更名啓聖祀爲崇聖祀

東配

先賢孔氏孟皮清咸豐七年配饗

先賢顏氏名無繇唐開元二十七年從祀明嘉靖九年配饗

先賢孔氏名鯉宋咸淳三年從祀明嘉靖九年配饗

西配

先賢曾氏名晳唐開元二十七年從祀明嘉靖九年配饗

先賢孟孫氏名激明嘉靖九年配饗

東廡先儒

先儒周氏名輔成年無考明萬歷二十三年從祀

先儒程氏名珦宋景德三年生元祐五年卒年八十五明嘉靖九年從祀

先儒蔡氏名元定宋紹興五年生慶元四年卒年六十四明嘉靖九年從祀

西廡先儒

先儒張氏名迪年無考清雍正二年從祀

先儒朱氏名松宋紹聖四年生紹興十三年卒年四十七明嘉靖九年從祀

以上先賢先儒位明嘉靖時稱先賢某氏先儒某氏清因之

致祭謹遵清通禮

正位陳設　各羊一豕一鉶二簠簋各二籩豆各八鑪一鐙二

配位陳設　簠一簋一籩四豆四東西羊豕各一鑪一鐙二

中設一案少西供祝版東設一案陳禮神制帛七香盤六尊

四爵二十有一西設一案陳禮神制帛二香盤一尊三爵六

兩廡陳設　東二案西一案每位爵一實酒簠簋籩豆羊豕鑪

鐙如配位之數各南設一案陳禮神制帛一香盤一尊一虛

爵三俎篚冪酌皆具

儀節　春秋二仲上丁同日先祭儀節同無樂舞正獻官教諭

前後兩廡皆食餼弟子員各一人分獻祝辭曰惟某年月日

某官某致祭於

肇聖王

裕聖王
詒聖王
昌聖王
啓聖王曰惟
王弈葉鍾祥光開聖緒盛德之後積久彌昌凡聲教所覃敷率尋
源而溯本宜肅明禋之典用申守土之忱茲節仲春秋聿脩祀
事配以
先賢顏氏
先賢曾氏
先賢孔氏
先賢孟孫氏尚
饗按咸豐七年增配先賢孔氏孟皮位在顏氏前　右遵清通禮

獻官執事　正獻官教諭分獻官訓導通贊一人引贊一人讀祝一人陳設五人瘞毛血二人司盥二人司爵二人司帛二人司尊二人東配陳設五人司爵二人司帛二人西配東廡同陳設五人司爵二人司帛二人西廡同　右仍道光李志

學額

欽定學政全書　嵊縣學額進二十名廩生二十名增生二十名二年一貢同治三年廣永額進二十二名七年廣永額進二十四名

典籍

前志所載無存今載同治年憲頒書目

御纂周易折中十本　周易程傳二本

欽定書經傳説彙纂十二本　尚書蔡傳四本

欽定詩經傳説彙纂十二本　詩經朱傳四本

欽定周官義疏二十四本 禮記陳澔集説十本

春秋三傳十二本 監本四書六本 十三經古註四十八本 陸氏三傳釋文音義二本 陸清獻公年譜一本 三魚堂文集五本 賸言一本

聖廟典制考 周立四代之學祀舜於虞庠祀禹於夏庠祀湯於殷學祀文武於周膠尊曰先聖配享當時左右四聖者曰先師自天下通孔孔子而舜禹湯文武之祀廢按廟祀自魯哀公癸亥始至漢武立太廟永平己未詔郡縣學合祀周公孔子周公南面坐孔子西牖下魏晉六朝來或祀闕里或祭郡雍無定制唐武德己卯詔國學立周公孔子廟各一貞觀戊子用左僕射房玄齡奏停祀周公升孔子爲先聖顏子爲先師庚寅詔州縣皆立孔子廟顯慶丁巳以周公配武王龍朔壬戌以周公爲先

聖孔子爲先師配東西並峙開元辛未詔兩京諸州各置太公
廟與聖廟東西峙己卯詔兩京國子監及州縣孔子廟皆南面
元成宗命郡國通祀伏羲神農黄帝如先聖釋奠禮明洪武丁
卯始盡革諸祀專祀孔子而諡則魯哀公之誄曰尼父始漢元
始辛酉詔諡褒成宣尼公又爲孔廟制典諡宣之始北魏太和
壬申改諡文聖尼父隨文帝贈先師尼父唐貞觀戊子尊爲先
聖丁酉尊爲宣父顯慶丁巳復爲先聖開元己卯追諡文宣王
宋大中祥符戊申加稱至聖元至大戊申加號曰大成至聖文
宣王明嘉靖庚寅從大學士張璁請改稱至聖先師孔子而諡
始定其避聖諱也向特讀如某音或作古體丘字清雍正乙巳
奉詔除四書外遇此字並加阝爲邱讀作某音以昭尊崇曠古
未有也塑像始於漢而見於元魏興和甲子兖州刺史李仲璇

修建碑記明宋濂孔子廟堂議謂因唐開元庚申制按開元庚申特用國子司業李元瓘請改顏子等十哲立像爲坐像塑曾參像坐十哲文圖書七十弟子及何休等二十二賢於廟壁耳金明昌辛亥易兩廡羣弟子及先儒畫像爲塑像明洪武壬戌南京太學成去像設木主正統戊辰命中外學宮悉改元時所塑孔子像之爲左衽者天順丁丑范金飾銅祀文淵閣閣臣每入必先行四拜禮壬午知蘇州府林鶚撤郡學宮像並從祀諸賢皆爲木主嘉靖庚寅通撤天下學宮像祀以木主從張璁請實本先賢朱熹議也衣以王者衮冕之服始唐開元己卯宋大中祥符己酉加冕服桓圭從上公制冕九旒服九章崇寧乙酉用王者制冕十二旒衮服九章大觀庚寅改鎮圭金大定甲午改用冠十二旒服十二章祀以六代之樂始漢元和丙寅宋元

嘉乙酉舞用六佾樂用軒縣唐開元己卯樂用宫縣舞用六佾宋則惟用判縣太祖用永安之樂仁宗用登歌明洪武乙丑命儒臣更製樂章迎神奏咸和奠帛奏迎和初獻奏安和亞獻終獻奏景和徹饌送神奏咸和命製大成樂器頒天下樂宮舞用六佾成化丁酉增用八佾嘉靖己亥仍用六佾清因之其樂迎神曰咸平初獻曰寧平亞獻曰安平三獻曰景平徹饌送神望燎曰咸平樂章俱同亦七奏惟多望燎少奠帛耳十籩十豆自宋徽宗始明初國子監用籩豆各十天下府州縣各八成化丁酉加籩豆各十二外府州縣各十嘉靖庚寅仍照洪武初制清仍照成化丁酉制廟門立戟始宋建隆壬戌止十六大觀庚寅增二十四明制撤戟更大成門曰廟門改文宣王廟曰大成殿者始宋崇寧乙酉改先師廟曰文廟者明嘉靖庚寅也門曰櫺

星釋義謂取疏通意四川通志載元元貞初鮮緡職教成都於綿州學瓦礫中得宋修學故碑云古營造法式以上天帝座前三星曰靈星王者之居象之孔子爲萬世絕尊用天子禮樂故名作櫺星或作凌霄者並誤是亦一說也禁婦女合雜巫覡淫祝始北魏延興壬子禁祀釋老宮始明永樂乙酉祀七十二賢始漢永平壬申一本作元和乙酉顏子配享闕里志載始漢高帝丙午金邦柱聖廟徵繹謂始魏正始丙寅曾子並配始唐總章戊辰孟子並配始宋元豐甲子王安石與顏曾孟並配始崇寧甲申淳祐辛丑黜去安石從祀以子思從祀始大觀戊子以顏曾思孟並配而升子張於十哲始咸淳丁卯加復聖宗聖述聖亞聖公者元至順辛未也七十二賢畫像前設酒脯祭品始後唐長興丁卯弟子追贈始唐總章戊辰而封公侯伯始開元

己巳明嘉靖庚寅盡去封號改題兩廡孔子弟子爲先賢左邱明下爲先儒清康熙丙寅特旨進東廡宋儒張載程頤朱熹並稱先賢穀梁赤至胡居仁並稱先儒進西廡宋儒周敦頤程顥邵雍並稱先賢公羊高至薛瑄並稱先儒按諸賢儒之從祀也左邱明卜子夏公羊高穀梁赤伏勝高堂生戴聖毛萇孔安國劉向鄭衆杜子春馬融盧植鄭玄服虔何休王肅王弼杜預范甯二十一賢始唐貞觀丁未至開極開元稱二十二賢而有賈逵逵之祔入莫考自始也荀況楊雄韓愈始宋元豐戊午周敦頤張載程顥程頤朱熹始淳祐辛丑張栻呂祖謙始景定辛酉邵雍司馬光始咸淳丁卯許衡始元皇慶癸丑吳澄始明宣德乙卯胡安國蔡沈眞德秀始正統丁巳楊時始弘治丙辰薛瑄始隆慶辛未王守仁陳獻章胡居仁始萬曆甲申羅從彥李侗

等始萬歷乙未洪武丙子以行人司司副楊砥議罷楊雄進董仲舒而闕里志載董仲舒從祀在元至順庚午嘉靖庚寅以張璁議罷申黨公伯寮秦冉顏何荀況戴聖劉向賈逵馬融何休王肅王弼杜預吳澄而進后蒼王通胡瑗歐陽修又改祀林放蘧瑗鄭玄盧植鄭衆服虔范寧于鄉以行人司司正薛侃議進陸九淵崇禎壬午詔升左邱明周敦頤邵雍張載程顥程頤朱熹位七十二子下漢唐諸儒之上進稱先賢清康熙壬辰詔升朱熹位十哲末丙申詔范仲淹從祀位司馬光下雍正甲辰詔廷臣議祔享廟廷諸賢有先罷而宜復者有舊缺而宜增者有當升而祔者乃議復林放蘧瑗鄭康成范寧秦冉顏何六人增祀縣亶牧皮樂正子公都子萬章公孫丑諸葛亮尹焞魏了翁黃幹陳淳何基王柏趙復金履祥許謙陳澔羅欽順蔡清陸隴

其二十人乾隆丁巳詔復祀元儒吳澄戊午詔升東廡先賢有若配享十哲之次而天下學校通建啓聖祠祀聖父叔梁紇也始明嘉靖庚寅以顏無繇曾點孔鯉孟孫激配宋程珦朱松蔡元定從祀萬歷乙未增祀周輔成清雍正甲辰以張廸祔位周氏下又追封孔子五代並加王爵改啓聖祠爲崇聖祠令天下儒學建先賢祠左祀賢牧右祀鄉賢者始明洪武戊申改稱名宦鄉賢得分祀者成化時特典也令天下儒學建忠義孝弟祠祀鄉之忠義孝弟者雍正癸卯特旨也以太牢祀始漢高帝丙午詔出王家錢給大酒河南尹給牛羊豕各一大司農給米始元嘉壬辰照依社稷出王家穀春秋行禮始建寧己酉詔郡縣春秋二祀增用太牢始雍正乙巳詔除荒減費之州縣於存公銀内撥補以足原額務令粢盛豐潔者始雍正癸丑祭丁非其

土產得鹿以羊代榛栗等項以所產果品代者始正統丁巳祀以犬特見於漢明帝耳祀辟雍始魏王芳正始辛酉漢以來皆祀闕里也以皇太子釋奠始泰始辛卯有司享薦始北魏太和壬申遣官釋奠令守令主祭始唐貞觀丁亥武職與祭始康熙庚寅四時之祭始晉泰始丁亥定春秋二仲始隨開皇間月朔行禮始北齊天保庚午朔望焚香始宋淳化癸巳詔諸王卿相至郡先廟謁而後從政始漢高帝丙午詔郡長以下詣學行香始明洪武甲子改幸學爲詣學以示尊師重道之至意者雍正甲辰特旨也貢士釋褐謁廟始唐開元戊寅建學始魏黃初辛丑立學教聖裔始宋眞宗封孔子後裔爲褒成君始漢初元癸酉元始辛酉改封褒成侯唐開元己卯改封文宣公宋至和乙未改封衍聖公歷代仍之而襲封五經博士也顏子之裔始嘉

靖庚寅曾子之裔始嘉靖戊戌子思之裔始正德初孟子之裔
始景泰壬申卜商言偃之裔始康熙庚子冉伯牛仲弓冉求宰
予子張有若之裔則雍正甲辰奉詔增補此聖廟因革之大略
也遊聖人之門宜知始末故詳考而備志之會稽俞忠孫

忠孝節孝名宦鄉賢四祠

祭儀　歲春秋釋奠禮畢教諭一人公服詣祠致祭是日清晨廟戶啓祠門拂拭神案執事人入陳羊一豕一籩四豆四鑪一鐙二陳祝文於案左陳壺一爵三帛一香盤一於案右引贊二人引主祭官入詣案前北面立禮生自右奉香盤主祭官三上香訖引贊贊跪三叩興禮生自右授帛主祭官受帛拱舉仍授禮生獻於案上禮生挈壺酌酒實爵自右跪授爵主祭官受爵拱舉仍授禮生興獻於正中讀祝者取祝文跪案左引贊贊跪主祭官跪讀祝辭曰維某年月日某官某致祭於忠義孝弟之靈曰惟靈稟賦貞純躬行篤實忠誠奮發貫金石而不渝義問宣昭表鄉閭而共式祇事懋彝倫之大性摯莪蒿克恭念天顯之親性殷棣蕚模楷咸推夫懿德綸

恩特闡其幽光祠宇維隆歲時式祀用陳尊簋來格几筵尚饗讀畢以祝文復於案退主祭官俯伏興執事者酌酒獻於左又酌酒獻於右退引贊贊跪叩興主祭官跪三叩興執事者以祝帛送燎引贊引主祭官出執事者徹皆退各祠致祭儀同節孝祠祝曰維某年月日某官某致祭於節孝之靈曰惟靈純心皎潔令德柔嘉矢志完貞全閨中之亮節竭誠致敬彰閫內之芳型茹冰櫱而彌堅清操自勵奉盤匜而匪懈篤孝傳徽綸綍特沛乎殊恩祠宇昭垂於令典祇循歲事式薦尊醪尚饗名宦鄉賢二祠祝文所在異辭不悉載

謹案清通禮直省府州縣附廟左右各建忠孝節孝名宦鄉賢四祠春秋致禮今錄其儀如右乾隆李志所載祠祀附於丁祭者惟名宦鄉賢孝義二祠道光李志增孝義祠爲忠孝

義祠夫孝義名祠未知何據忠孝義三字名祠支離益甚且其所稱義士義民祇是樂善好施一流人亦從無祠祀之例今擬改還忠孝祠補入節孝祠庶於典禮有合特以舊志相沿已久姑仍之以俟知禮者更定焉今錄其祀位如左

祀名宦祠

南齊剡令張稷

唐浙東觀察使加檢校右散騎常侍王公式

宋知剡縣贈朝散郎宋公旅

宋知嵊縣擢知台州宋公宗年

宋紹興府司理知嵊縣楊公簡

宋知嵊縣遷通判揚州陳公著

明嵊縣知縣陞廣信府同知吳公三畏

明嵊縣知縣陞順天府推官施公三捷

明嵊縣知縣陞紹興府通判王公志達

清兵部侍郎兼都察院右副都御史巡撫浙江朱公昌祚

清兵部尚書兼都察院右都御史總督浙閩范公承謨

清兵部尚書兼都察院右都御史總督浙閩李公之芳

清提督浙江全省水陸軍務李公塞白

清太子太保兵部尚書兼都察院右都御史總督浙閩李公衛

清浙江等處提刑按察使楊公崇仁

祀鄉賢祠

晉右軍將軍會稽內史王公羲之

晉散騎長侍左將軍會稽內史康樂縣公贈車騎將軍開府

儀同三司獻武謝公玄

晉處士戴公逵

宋處士戴公顒

梁征東將軍贈侍中中衞將軍開府儀同三司忠貞張公嵊

梁吏部尚書漢昌侯朱公士明

宋寶文閣待制國子祭酒姚公勔

宋徽猷閣待制贈太師文安縣開國男姚公舜明

宋淮南安撫使呂公祖璟

宋尚書戶部員外郎樞密院編修官姚公寬

宋參知政事端明殿學士姚公憲

宋太學國子錄許公臯

宋定城尉贈通直郎張公愬

宋保德州知州周公山

明布衣張公燦

明贈兵部尙書喻公袞

明湖廣興寧縣知縣贈兵部尙書喻公思化

明靜海縣訓導贈光祿寺卿周公謨

明封奉直大夫王公尙德

明工部尙書周公汝登

明雷州府同知王公應昌

明兵部尙書兼右副都御史總制薊遼喻公安性

祀忠孝義祠

明昌平州知州贈光祿寺丞謚忠襄清賜謚節愍王公禹佐

明眞定游擊贈都督僉事清賜謚烈愍童公維坤

明昌平州殉難王節愍公子國宣

明孝子王公瓊

明孝子喻公祿孫

明馬公德忠稱義民道光志

清馬公驊稱義民道光志

清史公孝本稱義民道光志

清孝子裘公兆彪同治志

鄉飲酒禮謹遵清通禮及學政全書

賓介　歲孟春望日孟冬朔日舉鄉飲酒之禮於學宮縣以知縣爲主以鄉之年高六十以上有德行者一人爲賓其次一人爲介又其次爲衆賓司正以教職爲之主揚觶以罰失儀者以弟子員習禮者二人司爵二人贊禮二人引禮一人讀律令僚佐皆與

席次　先一日司正率執事者詣講堂肄儀設監禮席次於庭東北向布賓席於堂西北南向主人席於東南西向介席於西南東向衆賓之長三人席於賓西南向東上皆專席不屬衆賓席於西序東向僚佐席於東序西向皆北上司正席於主人之東北向設律令案一於主介閒正中東西肆又設尊案一於東序端南北肆設樂懸於西階下

儀注　至日黎明執事者宰牲具饌主人及僚屬司正先詣學遣人速賓僎以下賓至主人率僚屬出迎於庠門之外揖入主居東賓居西三揖三讓而後升堂東西相向立贊兩拜賓坐僎至主人又率僚屬出迎揖讓升堂拜坐如前儀賓僎介至既就位執事者贊司正揚觶引司正由西階升詣堂中北向立執事者贊賓僎以下皆立贊揖司正揖賓僎以下皆揖執事者以觶酌酒授司正司正舉酒曰恭惟朝廷率由舊章敦崇禮教舉行鄉飲非爲飲食凡我長幼各相勸勉爲臣盡忠爲子盡孝長幼有序兄友弟恭内睦宗族外和鄉里無或廢墮以忝所生讀畢執事者贊司正飲酒飲畢以觶授執事執事者贊揖司正揖賓僎以下皆揖司正復位賓僎以下皆坐贊讀律令執事者舉律令案於堂之中引讀律令者詣案

前北面立贊賓僎以下皆立行揖禮如前讀畢復位執事者
贊供饌案執事者舉饌案至賓前次僎次介次主三賓以下
各以次舉訖執事者贊獻賓主起席北面立執事者酌酒以
授主主受爵詣賓前置於席稍退贊兩拜賓答拜訖執事者
又酌酒以授主主受爵詣僎前置於席交拜如前儀畢主退
復位執事者贊賓酬酒賓起僎從執事者酌酒授賓賓受爵
詣主前置於席稍退贊兩拜賓僎主交拜訖各就位坐執事
者分左右立以次酌酒獻三賓衆賓徧賓主以下酒三行供
羹執事者以次酌酒飲酒供饌三品畢執事者贊徹饌候徹
饌案訖贊賓僎以下皆行禮僎主僚屬居東賓介三賓衆賓
居西贊兩拜訖贊送賓以次下堂分東西行仍三揖出庠門
而退

律令　讀律令曰律令凡鄉飲酒序長幼論賢良高年有德者居上其次序齒列坐有過犯者不得干豫違者罪以違制失儀則揚觶者以禮責之

樂章　酒數行工升歌周詩鹿鳴之章卒歌笙奏御製補南陔詩辭曰我逝南陔言陟其岵昔我行役瞻望有父欲養無有風木何補我逝南陔言陟其屺今我行役瞻望有毋毋也倚廬歸則寧止南陔有筍籜實勺之孱孱孩提孰噢咻之慎爾溫清潔爾旨肴今爾不養日月其慆間歌周詩魚麗之章笙奏御製補由庚詩辭曰由庚便便東西朔南六符調燮八風節宣由庚容容朔南西東維敬與勤百王道同由庚廓廓東西南朔先憂而憂後樂而樂由庚恢恢南朔東西皇極旣建惟德之依乃合樂歌周詩關雎之章卒歌工告備出執事者

行酒主賓以下飲無算爵

書院

剡山書院〔道光志〕在縣學櫺星門右清乾隆五十八年監生支本貢生支金新建義學試廠共五十餘楹支金復捐歲修田二十餘畝知縣郭文誌周丕倡率成之道光六年支金派下俊輝俊生二房於川堂重屋後添建屋十三楹舊有義學田二百九十畝七分零塘二畝七分零地十畝四分山十九畝三分零雍正間邑令宋斆與紳士喻學鈖宋亦郊等倡捐每年收繳租銀以爲延師修脯之費今併歸入書院焉知縣周鎬記略古者國學鄉學統謂之學自唐創麗正書院代有增置盛於宋理宗朝元時凡先儒名賢舊蹟並立爲書院而好義之家又給錢米以贍學者後世書院有田蓋昉諸此嵊故有書院僻在城東北隅支君金偕其兄本承乃父志籲大吏願輸財移建斯地署曰剡山書院規畫如制既固既完復恐棟宇經久雨虐風饕弗葺且壞用割膏腴二十餘畝籍其所入供歲時墍茨丹艧之費適余權邑篆乞記於余余惟國家造士宜聚不宜散易垂講習禮重觀摩尚矣近世家自爲

塾而鄉里之爲人師者各行其教言人人殊是孤陋也書院設而家塾得其總匯鄉學之遺制於是乎在多士敬業樂羣循進大成則俊造出其中并收國學論秀之效諸生勉乎哉昔考周氏有蘭馨之館海門有事斯之堂嘗訪求其址鞠爲茂草而其初未始不風流輝映聲稱藉如也得田以永之寧有是歟是舉也金可謂創而善繼余東髮時肄業吾邑東林書院習聞八君子之遺風講學有規海内仰其功端在身心倫紀之間夫奉前型以勵後學有司責也爰揭支君捐田之義書之於石而勒其畝數於碑陰（同治志）道光二十五年輝生二房東西分修置桌凳石足支本派下俊卿房捐歲修田十餘畝咸豐辛酉洪楊潰軍入境盡圮同治二年輝生二房分派重修納費千金五年輝房經修費數百金（新纂）光緒三十二年由裘乃馨羅叔亮等二十餘人組織正誼社改辦剡山私立高等小學堂舊有田產槪歸教育款產經理處經理

二戴書院（周志）在縣北一里故戴逵及其子顒讀書所元元貞二年浙東僉事完顔眞尹余洪建院以祀集諸生肄業

其間至正五年合冷瓚重修杜春生越中金石記儒學教導崔存爲文至正甲申秋進士膠東冷侯瓚來尹於嵊政尚平易民恬士熙越明年既修縣庠顧二戴書院在縣北一里撓棟飄瓦莫可枝梧侯曰均之爲學舍也興舉之職其可以隸府而諉諸復謀治之迺詢學院之創僉謂以戴顒墓在宋紹興寶祐間縣令范仲將史安之何夢祥相繼作亭歲時展事參政四明樓公鑰書本傳立石其上國朝前至元庚辰縣丞汪庭改戴溪亭爲雪溪精舍買田八十畝奇以贍時未置書院元貞丙申浙東憲僉完顏公貞行部日以戴氏父子深於經學事聞省部列於學官額以今名以邑士之登于籍者充弟子員用宋平糶倉田六百畝奇歲入羡租五十餘石以增廩稍廟學之設垂五十年矣檄宜也今侯既以職在興舉修治爲役敢不自效侯迺度土木陶冶之用計工徒庸僦之直以多士之產畝輸一錢而足焉士心攸附共趨事功掄材堅良不巡于素由是重覆禮殿作新兩廡朽蠹既易陶甓密比墻堵外周丹堊炳煥山長巴西周宗元董其治始於至正五年四月畢工於其年之十有一月適監邑也速迭兒侯至克相落成士之輸財者知薄而不知勞工之善事者稱若庸而畢若力嵊之人士以書院創始迄今未有記之者且欲紀侯之績俾以本末而次第之稽諸史志顒字仲若父逵字安道世譙人而居於剡嘉遯當世歷晉而宋著書立言有禮記中庸篇及五經大義月令章句

其學問理義之歸擺脱清談之習謂深經學者是已千載之下饗祀夫子之宮有以也夫自侯之爲是役也士習之因循者由以興前人之崇尚者有以繼豈直侈土木誇觀美哉將使居是學而讀其書於隱而知顯之理於藏而知行之具不惑乎晉人之高潔而一遵乎聖人之中正是侯興學之政而所以爲教也若遯焉而釣聲名仕焉而溺利欲豈所願於多士哉（一作餘姚州同知宇文公諒記）二十年燬於兵二十四年守帥周紹祖**重建**（夏志）

邑人許汝霖記皇元混一區宇謂聖賢之道足以隆化基也郡縣既皆有學又徵昔賢遺蹟倣前代書院成規得以始事而創置也百年以來遐陬僻壤駸駸乎黨庠術序之盛自海内驛騷學院多罹兵燹二戴書院在縣北一里余間過其所未嘗不踟躕浩歎昔之隆然起者將何日復見乎至正二十四年夏嵊士董時亮彙辭來曰二戴書院創建顛末子固知之詳矣距今僅七十載不意一旦之圮於兵也三數年間守土者居不煗席安恤教養前年冬濮陽周君紹祖以僉浙東元帥來鎮茲土下車即進士類謀所以輯民者未幾邊壘少警農漸復業君屬邑官曰當茲用武之日未能遽興文事而聖賢妥靈之地寧諉弗祗然民力未可用廩資空匱計將安出宜姑起廢以倡後人於是既葺學宫即考院田逋入捐己俸爲助士以材木輪者聽之首作禮殿東西兩夾室中像聖容及四侑又東爲二戴祠四楹外儀門三

間繚以周垣傍爲守舍君曰妥靈有所矣蠲吉日擇菜奠幣如式夫元帥責在邊備迺移心至此請書以刻石垂示將來余聞有天下者不可一日無聖賢之教學校者所以尊崇聖賢人綱人紀之所係維持世道之大具也奈兵興以來宫牆化爲榛荆通都名城藩臣鎮將有不知所重者不知天理民彝不可變忘世之擾擾至於此極政以本根之地失培養耳用武力而不反其本將何以靖天下之多故哉今周君於窮山之陬擐甲冑以問俎豆其所見必有過於人者此則剡士之所願記也乎況二戴當晉室不競之日繼世嘉遯兆域所在歷千百年人猶展敬而護存之我朝又以其炳靈祠於聖人之宫不惟高風峻節有足感動乎人亦其學術之懿出處去就之宜有關於世教者蓋愈遠而彌彰也七十年來暫圯遽起自兹以往必有恢復其舊者矣此又剡士之所宜記也余之無似將與同邑之士求前人遺躅以進乎聖人之學或出或處不失其當然以俟天運世道之復其尚有在於斯乎君字繼先嘗鎮錢清作劉寵廟人稱之其來嵊多美績非學校所係不復書

後復燬明成化九年知縣許岳英重建春秋祀焉成化十年邑訓導王洪記爲之辭曰鳳凰遠舉兮遺鷇雛羽儀文采兮能相符和鳴應瑞兮協禮圖鳳巢零落兮將何如荆榛莽蒼兮爲芟除美哉輪奐兮屋渠渠功與金石兮同永居載歌此詞兮酌獻餘凌風隱隱兮迴飈車

新纂 未

幾又燬清同治間知縣嚴思忠因市山衕故有明度庵庵以事訟判充公遂議移建光緒初知縣陳國香捐資落成之二十九年科舉廢邑人鄭錫蘭王丙樞等改辦縣立高等小學堂舊有田產概歸縣教育款產經理處經理

輔仁書院李府志作大仁寺義學 道光志 在縣西三十六都大仁寺東乾隆五十三年知縣唐仁埴詳請於寺東空基倡建講堂書舍共四十楹并撥寺田一百畝以爲延師修脯之資又撥田八十畝分給闔邑鄉會試路費知縣唐仁埴碑記原夫聖人以神道設教周禮以鄉物教民道固並行學尤先務此大仁寺東建造義學不容緩也以彼有餘爲患多藏厚亡始以蠅營狗苟之奸終以雀角鼠牙之訟遂使殘碑斷碣都歸無何有之鄉以致衆籲羣呼咸有末如何之嘆大者過也受之坎否則宜傾神而明之存乎人損原可酌於是撥田百畝建學一區公助者還以辦公庶儒生之有藉衆輸者因而濟衆知佛法之無邊吾欲云云僉稱唯唯爰興百堵先駕三楹士宜既度諸地師材用復謀之梓匠雖曰美輪美奐斯焉取斯亦云苟合苟完小以成小余也

祿捐升斗慮孤掌之難鳴事異尋常冀衆擎之易舉敦善不怠見義必爲豈十室無忠信之人知千里有應求之士捐金而富應不減好傾囊篋之藏輸力卽貧亦何傷或獻班倕之技此際經營不日全資鄙遂鄉都他時桃李成蔭長庇里閭族黨擔簦負笈皆春秋同社之兒童入室升堂卽風雨對牀之兄弟物華既煥乎天寶人傑且鍾於地靈將見履上星辰筆補造化文武之道在方策學而知之孝悌之至通神明禱之久矣此與佛門施布功德孰多且以官法維持永遠可守需於泥而寇至自昔鮮敬慎之圖革而當者悔亡卽今煥文明之象此道之關乎消長卽事之宜於更張可不踴躍樂從而輪將恐後也哉董事商羽豐宋家震陳宗位商從芳沈政禮黃元才張金璧商克醇王名立王權達錢運張銘王英祥等

咸豐甲寅邑孝廉錢錦山等重修　菊泉王錫齡記吾鄉輔仁書院創自乾隆戊申年邑宰唐公以諸僧之多藏厚亡也崇儒黜佛割寺田爲書院延師課讀法至良意至美焉然自戊申以迄於今又多歷年所矣前孝廉錢君蓮峯先生曾主書院講習閒時過訪棟宇之毀頹宮牆之卑隘嘗指以相示焉顧院與寺隣吾鄉善禱佛凡募修寺院殷勤樂輸至於書院廢興則以爲學士文人之責也先生有會於斯遂邀各都紳士以修寺倡捐得錢若干千擇日鳩工卽以其餘議修書院經數寒暑而工告竣其修寺也爲寺也非爲書院也其先修寺而後書院也爲寺

實爲書院也先生之心猶唐公之心蓋事在彼而意在此也夫古者學校之制有國學有鄉學欲與天下之文教則必自一國始欲與一國之文教則必自一鄉一邑始蘇氏宜黃縣學記曰自家以至於天子之國皆有學先生此舉其有關乎鄉學之興廢也豈淺鮮哉他日三都人士肄業其中沐書院之化雨春風人文蔚起以上副我國家樂育人才之意則繼此而續修者當必更有人矣爰溯顛末以誌於右云咸豐四年歲次甲寅十一月日 新纂 光緒三十二年改辦鄉立高等小學堂

陽山書院 同治志 在縣西六十五里太平鄉石下陽山監生邢啓強妻錢氏建爲太平長樂兩鄉義塾 玉山周煒記略太學生邢啓強常欲爲太平長樂兩鄉義塾未及事而卒時長男匡儒已先亡次匡國甫四歲女尙妹未笄妻錢氏憶夫遺命建義塾於陽山之下塾分三進中爲講堂後爲樓以主魁宿文昌之祀前爲門闌左右廂有堂有小廳四圍繚以垣以程計者四十餘塾中器用咸備計費三千餘金撥田百畝爲塾師修膳資內三十畝爲其女尙妹所捨又田二十畝以其半祀神半爲修葺資經始道光癸巳三月成於乙未之冬綜其成者氏弟物華也邑侯湯公上其事大憲題咨以邢氏嘉惠士林許建

坊旌表啓強贈徵仕郎子匡國議敘州判女尙妹以貞孝旌故長男匡儒妻周氏以節孝旌會稽潘諮記見藝文志塾右爲邢啓強夫婦及其父母并女尙妹塋域歲以祀文昌日祀之〔新纂〕光緒二十六年籍安國寺田一百餘畝三十年改辦陽山學堂是年錢光昌妻張氏捐田十畝劉世藩妻邢氏捐田十畝

慈湖書院〔周志〕在北門內桃源坊嘉靖三十三年提學副使阮鶚檄知縣吳三畏爲楊簡立楊號慈湖宋時爲嵊令〔新纂〕後廢里民改作吳公祠

鹿山書院〔周志〕在城內鹿山之椒隆慶丁卯邑諸生袁日新袁日化丁則綬周汝登宋應光趙志伊張希秩袁日靖爲鹿山八士文行合一之會繼而王應昌李春榮等與焉萬歷十五年積貲創建以待邑之凡有志於學者知縣萬民紀捐俸助成并顏其額今廢同治志

宗傳書院（李志）在鹿山書院前萬曆二十九年周汝登建凡十五間又構海雲菴於左稱海門書院門人余懋孳合山陰顏曰宗傳會稽陶望齡額曰事斯崇禎二年海門卒八年豫章文德翼行部至剡集諸生發明海門證學之旨有語錄及倡和詩清康熙三年門人吳天璿孫周捷重建後圮乾隆四年裔孫某并其地出售六年知縣李以琰捐俸贖之將復還舊制云（新纂）光緒三十二年改辦私立事斯高等小學堂

艇湖書院（張志）在東隅萬曆壬午邑人王嘉相建今廢

長春書院（張志）在北門外邑州倅尹如度建周光臨記今廢

鹿鳴書院（李志）在城隍嶺下邑貢士喻恭復建知縣張泌率士會課其中今廢以上同治志

北山書院（新纂）在縣西北穀來村北一里清光緒五年三十一都三十二都五十六都三圖捐建董一齋董其事落成後延師課士其修脯膏火皆取給於田租三十一年董繼文卞啓運王頌年等改辦北山高等小學堂

龍山書院（新纂）在縣北雅基莊舊爲雲濟菴產徐筱風所捨也光緒間逵溪莊夏森等擬改書院以菴產爲修脯膏火之費制科既廢將此產息按期補助二十五都小學

義塾 書塾 書屋 社學 小學 義學附

東林義塾（道光志）在縣東十六都東林莊清乾隆初年王氏以莊塋餘資創造前爲奎星閣中爲講堂後爲書樓左右兩廂稱之尋圮惟奎星閣及講堂楹柱猶存嘉慶甲戌貢生王啓豐葺而新之道光四年後以書樓故址建爲禮殿左右

皆易爲樓共二十餘間增置田畝以爲延師修膳之費今廢

金庭義塾（乾隆志）在孝嘉鄉宋王愷建置義田三百畝後廢明裔孫王文高復田百畝又廢七世孫王應昌捐復顔曰心傳書院鼎革又荒廢過半子心一捐田五十畝改建於臥猊山麓正屋三楹奉先聖先賢及宋元明大儒側有養正堂凝道堂悠然軒躬訓族姓及來學之貧者晨習禮暮詠詩朔望課功南明學者咸集焉（同治志）道光二十一年移建村外義供坂聖殿三楹講堂三楹左右書樓共二十楹延師課讀歲以爲常（新纂）光緒二十九年改辦金庭高等小學堂

蒼崖義塾（同治志）在縣南二十五里禮義鄉舊有蒼崖草堂俞昂讀書處清道光己丑職員俞存齊等捐建并置延師課士膏火田數十畝（新纂）未幾廢同治間俞渭濱等捐資

於下段八角亭舊址建下義塾撥舊義塾田十餘畝入之光緒間俞蓮舫復在上段建上義塾撥舊義塾田十餘畝並俞菊如捐田十餘畝以爲延師修脯之費

錦水義塾　道光志　在縣西六十里太平鄉乾隆三十六年貢生劉純倡議捐造講堂三楹其右爲文武二帝殿三楹南爲奎星閣三楹兩廂各五楹臺門三楹至嘉慶十四年勢將傾圮應紹濂郭萬年邢秉謙等復議重修合祀文武二帝奎星於一閣　同治志　咸豐二年舉人邢復旦議增學田將萬寶堤外沙地呈請邑侯敖公充入義塾與貢生劉炳輝等十八人各獨資墾田肆拾畝零以爲三十八九兩都延師修脯之資

崇文閣義塾　同治志　在太平鄉鄉主廟後清同治六年劉

炳輝倡議合鄉捐建閣三層上祀奎星中祀文武帝下爲講堂左右廊廡二十間爲肄業所歲收會息以資修脯東夾室爲客廳西建味根園閣後建倉帝祠惜字爐

鹿門義塾（道光志）在貴門山宋呂規叔建鑿山壘石結構三十餘楹朱晦菴呂東萊相繼講學於此後圮清嘉慶間呂氏重建

福林義塾（同治志）在縣西三十都富順莊道光間里人黄永修等以廢菴改建并福壽福坑翠雲三廢菴田地共四十四畝改爲延師課讀之資

永福義塾（道光志）在縣西二十五里孫邱莊清乾隆二十九年里人金尙轅建置有田畝延師課誦

沈景二義塾（同治志）在縣北沈塘莊本沈柏四法會菴有

田二十四畝同治七年柏五四派孫願作義塾留香田四畝

淵源堂義塾　夏志　在縣東曦門外宋邑人周瑜建製先聖十哲坐像列畫七十二子闢富學輝聲集彥擢秀恢義五齋別有細論堂蘊秀軒同襟館蘭馨室永嘉王十朋記見藝文志　李志　時王十朋居師席遠近從遊者甚衆周氏一門登第七人

姚氏義塾　周志　宋晉溪姚景崇建景崇字唐英號自愛翁晉溪人宋開慶元年資政殿大學士徐清叟記自愛翁剏書塾一區於所居之傍延聘儒碩以陶淑四方俊乂負恠石倚喬林天光互照眞絕境也詳塾之制建聖殿於中素王之像儼然垂衣後曰自愛又其後曰書室棲賢列其左迎賓居其右如舒而翼如供而立名扁秩然此位署之正者也堂之前翼以數楹乃會膳之所堂之後各數十楹乃肄業棲息之地義井可汲也靈源可濯也環以門牆羅以花木興俯跪起之容吾伊絃歌之韻激拂於耳目第覺春風溢於宮牆而物爲之丕變初不悟其爲何地也夫塾所以寓教也教所以爲道也苟於是有見奚啻珍羞翁獨見而獨愛之獨愛之而不能推之又豈忠恕之道翁之是舉果能俾斯士成厥德造以廣是心若修撰葉公非明驗歟余恆憾弗獲早登翁塾徒抱棄德之慙姑述以爲吾道

淵源賀 葉公相傳爲寧海名應鼎者幼在景崇義塾中若景崇所謂富而好義者非歟

愛吾廬書塾 （道光志） 在縣西太平鄉清乾隆間監生邢知甫築長子樹郡庠生次子照戊辰舉人延師會友遠近就學者衆自嘉慶甲子後在塾登第者十餘人文風爲之一振中有花蹊竹所桐徑菘畦漱玉廊拱翠軒鸜鵒林芙蓉池養菊泉抉雲閣名人題詠甚多今廢

芝山書塾 （同治志） 在縣北二十一都同治九年即龍宮寺空基唐李紳讀書處改建以地在靈芝鄉顏曰芝山并詳撥寺田地山一百四十七畝充書塾經費邑令嚴思忠陳仲麟先後成之後撥本都金峯菴田三十七畝詳充入塾 （新纂） 光緒三十二年改辦芝山高等小學堂

經訓堂書塾 （道光志） 明鄭邦賢建 （夏志） 永樂二十年三山邱鄘記經訓堂者鄭

公邦賢訓迪子孫讀書所也邦賢爲剡邑望族留心經史世之宿儒者也家世居邑之長橋本支蕃衍雖有芳池華囿未嘗肆逆其間獨構一堂左圖右史教迪若子若孫讀書問學於其間扁曰經訓取古人經訓乃菑畬之義一日孫貞請記於予得非遵祖訓心聖賢之心乎且從容進而言曰昔京房溺於名數世豈復有易孔鄭專於訓詁世豈復有詩書董仲舒休於災異世豈復有春秋禮樂至於大小戴所記世豈復有全禮樂哉今吾祖以經訓名扁示子孫之意厔矣先生吾師也願得一言以教之因不讓乃爲之曰人生而蒙教以施之性與習移教以復之甚矣不可以一日而無教不可以一日而無學學先王之教舍六經之訓何以哉六經本以載道而作垂於天下傳之後世聖人精神心術寓焉然而六經筆吾心所具之理理雖本具於人心而私欲害之蓋有不得其正者宜乎邦賢以是名堂而教子孫矣若夫潔淨精微易之教也以是爲訓欲其知陰陽運靜之機進退存亡之道也疏通知遠書之教也以是爲訓欲其知典謨訓誥之文修齊治平之理焉溫柔敦厚得非詩之教乎以是爲訓欲其知情性邪正之説關雎麟趾之化也屬辭比事春秋教也以是爲訓欲其知是非褒貶之義貴王賤霸之旨也恭儉莊敬非禮之教乎廣博易良非樂之教乎以是爲訓欲其知辨上下和人心安上治民移風易俗之謂也雖有六者之訓不同無非使之以復其本心之正矣邦賢延師立教如此可謂善教子孫

者也爲子孫者當若何而善學耶必也進德修業孜孜不倦冀成德之易易矣雖然窮經將以致用苟用心於經史而弗思出用於明時則經爲空言奚可哉今鄭氏子孫作誦息思惟務先王之教豈不成其志之大者乎詩云貽厥孫謀以燕翼子鄭公其有之又云夙興夜寐無忝爾所生鄭氏子孫勗之哉他日拾青紫上金門高大其門閭不惟經訓爲足徵庶幾不負父祖嚴訓之盛心也然經訓之義予固略舉其槩而操觚之士必有爲之賦者矣是爲記

萃文書塾（新纂）在縣東十五都靈鵝莊清道光己亥年由韓姓乾八塋出資建造

綠筠書屋（同治志）在縣西開元莊康熙丙寅周瑞卿建結構幽雅環植修竹延請名師就學者衆後圮道光庚寅派孫重修（新纂）光緒壬寅年改辦開元學堂

觀瀾書屋（道光志）在縣西十五里孟愛莊舊係鎮福菴張謙翁錢天亨二姓合建置田十六畝零清道光七年住僧爭訟不休邑主李式圃斷令作兩姓義塾

魚池書屋（新纂）在縣東十七都唐田清乾隆間縣丞唐丞仁建子增道增學置田十畝名曰福祿書田光緒初唐可封等又置田四畝光緒三十三年改辦魚池初等小學堂

槐蔭書屋（新纂）在縣南三十里長安莊光緒間王兆初集資建造

社學（李志）明洪武八年奉制立坊都凡六所後圮成化間知縣許岳英建今莫考清順治九年令每鄉各置社學一區雍正元年令州縣於大鄉巨堡置社學一區於生員中擇其學優行端者補充社師

小學（乾隆志）在城隍廟西祀朱文公崇禎十一年知縣劉永祚延布衣尹志賡張仲選爲師今廢

義學（李志）康熙六十年知縣宋斆設於鹿山文昌祠內翰林

院檢討壽致潤碑記化民成俗其必由學而歐陽公亦曰學校王政之本也故自宋以後大儒文集於郡縣學記靡不津津言之然令甲所載爲之補殘修缺當時之才優而力贍者尙能及之至若無關考成而非功令之必不可缺者自非識大體崇雅化鮮不置若罔聞此吾於嵊邑宋使君義學之設不覺喟然感發也嵊界越之東南故剡中地其巖壑秀毓鍾爲人物代多英奇磊落之士而有明之末周海門喻養初諸公理學風節文章政事尤彪炳可觀比來稍似寂寥豈盈虛消息氣運固然抑亦風厲之意或微而興起之會有待也使君三吳望族故相國文恪公從孫分守兗東副憲南邨先生之冢君也胚胎前光蚤蜚英譽妙年綰組冰蘖自矢而才猷敏練如出匣干將涖嵊未幾百廢具舉會歲祲捐輸勸募平糶煑賑極焦勞補救之計嵊民不擠於溝壑而四境晏如者維使君是賴既已家頌戶祝矣顧使君以詩書傳緒於名教典禮膠庠文物間尤惓惓注意謂譽髦斯士非盡黌序所能容也乃就鹿山文昌祠設爲義學延明經宋諱奭者爲之師日有課月有會使君時臨涖而董率之執經就業者踵相接顧師生晨夕膏火之需取給淸俸慮難垂久更購膳田并以入官產益之合計共若干畝使君德意旣懇款周詳邑中文學喻子學銘宋子亦郊皆服古好義之士相與宣導教澤左右贊理義學規模因以大備走使屬予一言記之予邑與嵊接壤歲庚子使君來視邑篆即以治嵊者治之未期月而士

習民風翕然茲蒸變予不敏舊備員史館方擬吮毫濡墨紀循良傳不朽今得於嵊之義塾供文字之役敢以蕪陋辭乎爰走筆識使君教思之無窮將見漸陶涵育俊英輩出嵊邑人才之盛當視昔有加也使君名數字惟典江南蘇州府長洲縣人由歲進士出宰其田之畝則地號租稅別有記

知縣宋數碑記余不敏承乏嵊邑與多士晉接皆質良才美所欠者或在邃密沉潛卽廣文先生非不加意作人或以師嚴道尊難於晨夕叩請學故有文昌祠在鹿胎山巔因於辛丑歲卽其地開設義塾俾士子共肄業其中易所謂朋友講習也且密邇黌宮多士以講習所得進而質諸掌教兩師亦殊便則此地不特爲庠士藏修游息之所而儒童之勵志者亦附焉但羣聚而莫爲之統則譁膏火無資將不久而旋廢因倣古書院山長遺意延宋明經牧伯司其事又爲置撥田畝歲辦糧役外所入亦差可給朝夕比年來塾中規畫粗已具備紳士中喻子廷璧宋子雅侯左右之力爲多二子囑余以額田畝則勒於石因識其建置始末如此　今廢

剡溪義學　李志　在東門內聯桂坊清乾隆四年知縣楊玉生倡捐紳士協力落成計中廳三間後樓六間門樓三間楊記

石坊一座則宋尹氏偕子璿粲捐地建也知縣楊玉生建議塾碑記夫以一貫萬尼山之統緒攸傳博文約禮泗水之宗風特啓祖爲作而孫爲述明道之大原出於天伋也沒而軻也生守道之大閑維乎世韓退之衰起八代言追周誥殷盤朱晦翁成集諸儒源溯金聲玉振此教則闡其性命而學必究其精微者也我國家建學明倫萃宇宙之衣冠而文風丕盛浙東西騰蛟起鳳孕山川之秀異而鼎甲全登嵊之爲邑也百里鍾靈歷代美斯文之煥千巖競秀羣賢有畢至之符譙郡名流攜琴書而假寓瑯琊舊族偕子弟以浮江經學潛修二戴同輝日麗書樓聳峙千峯共被雲遮謝車騎歸老桐亭欽經濟之才於巖谷王子猷操舟雪夜標清絕之韻於人間此皆學貫古今而教垂奕葉者也書院之設慈湖而後時時奉教先生長春以還處處能文弟子會講者同時八十無非關閩濂洛之干城登第者一姓七人總是月露風雲之手筆科甲連鑣直上士競雕龍師弟一榜齊飛才爭倚馬海門先生以嶽峙淵渟之偉抱紹明心見性之正傳立朝而剴切敷陳不減宣公奏議退處而從容化導何輸馬帳笙歌堂號事斯請業者何必盡聞一知十門環立雪味道者又何妨人十己千此教必得其人而學乃詣其極者也至學以義名來不拒往不追體大聖無私之至意而制因時創規乎前遺乎後範小子有造之成材宋令昔年曾延師而訓課劉田撥後待卜地以棲遲予

也製錦才疏甫親民任教化之責成章願達肯築室貽道旁之譏倡捐而闔邑同輸契價而購居一宅高樓風靜儘堪披卷長吟平閣晴開頗足揮毫濡墨加以慷慨尚義無煩布地之金長廣捐基絕勝捨園之寺門開而山可立見從茲入室升堂橋設而徑可徐通不致歧趍異路森若參天之木長柯願肖拏雲猗歟聯桂之坊修斧爭持斫月曲江宴罷承恩陪玉筍之班清禁宵深召對賜金蓮之炬固其宜矣竊有望焉今與教者約剖危言晳疑義俾聖道日以光昌也屏曲説汰支詞使制藝歸於醇正也不憤不起以俟其憤不悱不發以迎其機此未反三隅而無然躐等也今與學者約居仁由義先行誼而後文章也考史證經勿虛浮而馳聲譽也灑掃應對習其事詩書禮樂咀其華此本末無乖而區分一定也今與董事諸君約風雨鳥鼠易以爲災也修葺補苴易以爲力也敝焉而勿之問危焉而勿之扶此終事不勤而前功可惜也今更與後至賢侯約倡教立化非一人一己之私也撤舊更新非一時一日之事也毋任荊榛之委恆生棟宇之輝此砥學海之津梁而翼賢關之門戶也嗟乎嵊之書院屢矣或以姓傳或以字繫或取義以自額或褒德以羣推皆已成草蔓煙荒誰復問桃源洞口予之以剡溪名者蓋以剡溪之書院付之剡溪人士而已無與也天下無不自愛其鼎者而驪龍又孰不自護其珠也哉今廢

嵊縣志卷五終